樂遊台灣 百年風華

帶你走讀老字號的
傳承經營故事

作者序壹
PREFACE I

緣起

2020 年,原本是令人野心勃勃想要大展身手的一年。突如其來的疫情衝擊,使得一切彷彿下了暫停鍵。國,出不去了。家,也悶壞了。好不容易喘口氣再度出遊,打卡景點卻總是人車卡卡。2019 年《樂遊台灣》一書,網友票選出 30 個全台必遊景點,由樂寫在地寫手走訪撰寫,廣受好評。2020 年～ 2021 年,瘋城樂寫團隊再進化,幫大家尋找了另一種在地旅遊的可能性──深度文化尋根之旅。探訪歷經百年風霜的老店風華,感受一生懸命的達人傳承精神,並跟隨在地旅人腳步走訪老街景點。

過程

1624 年是台灣正式在歷史記錄的一年,到 2024 年就至少有 400 年的歷史,佔了四分之一的一百年,有許多祖先篳路藍縷的開創故事。50 間老店有著 50 個故事,就像拼圖的一角,拼湊起台灣的百年風華史。書中從北到南,從東到西,樂寫團隊精選 50 間老店,或許有一些遺珠之憾,等著大家來發掘。過程中收穫最多的是與老店傳人的訪談,透過他們的敘說,了解先人開創的不易,以及傳承守住家業的堅韌,精神令人佩服,更加珍惜百年老店。

致謝

最後要感謝參與這本書的每個人。謝謝百年老店的店家樂於分享故事,也謝謝樂寫團隊寫手用心採訪撰寫及拍照,謝謝四塊玉出版社的大力協助。樂寫團隊中,我要特別感謝創辦人 Rick、文字總編正裕及攝影指導令懷。

在這本書可看到,台灣守護百年飲食與工藝的文化底蘊,與時並進的傳統與堅持。因此,我們可以驕傲地說:「台灣就是這麼樸實有華且驕傲!」

樂寫《樂遊台灣·百年風華》商業出版企劃總監

吳佳芬 Belle

走訪百年大業，從未知旅程中成就經典

這篇文章，我想寫很久了⋯⋯

身為一個旅行作家，帶領樂寫團隊持續創作文章，每一年我們都在思考如何集結所有學員的力量，成就一部經典。

2019 年出版《樂遊台灣》後，許多讀者帶著書，走訪每位作者的青春印象，身歷其境彷彿久違的朋友正在述說那段故事，而作者團彼此也因為那本書的凝聚，漸漸醞釀出樂遊台灣 2.0 的雛型。

既然我們可以分享自己的故事，能否也記錄這塊土地百年的回憶呢？

於是，2020 年初我們開啟這項計畫，邀請各地學員整理該區的百年老店，並且進行採訪準備。一開始大家滿腔熱血，希望為新書貢獻一番心力，但隨之而來的疫情，改變了世界，也影響團隊的士氣。許多原定店家因為疫情關係不願意受訪，又或者學員因為工作型態改變，無法持續寫作下去，讓團隊臨時必須更換作者、重新培訓。

這林林總總，讓我想起新復珍餅店吳總經理受訪時說的一段話：「老是我們的特色，是底蘊也是優勢。」而這本書，就是這些「家底」的累積。既然這麼多人都已經堅持超過百年，我們這一點影響，又算得了什麼呢？

調整腳步，重新出發，這一路走來，樂寫團隊夥伴們都成長許多。在百年的底蘊面前，我們以為付出了時間撰稿，其實是這些前輩們付出了更多心力傳承經驗；我們以為記錄了許多故事，其實是這些店家努力傳承一世紀，才讓我們有機會發現百年前的樣貌。因此，寫完這本書的當下，除了驚嘆有這麼多值得挖掘的店家，也更感謝他們的堅持及無私分享，讓我們在這趟未知的旅程中，成就出一部經典。

會不會有第三部曲呢？敬請拭目以待！

樂寫創辦人

吳孟霖 Rick

大事紀

不詳	1774	1841	1858	1866	1871	1872
廣興堂青草店	施美玉名香	振發茶行	老鍋休閒農莊	林金生香	隆源餅行	再發號百年肉粽

1908	1907			1906	1905		1899	
盛發錫器佛俱行	信二竹店	府城百年木屐老店	府城小南米糕 明星花露水	食在福製麵	大越老醋	普濟殿前黃家米糕栫	福堂餅行	惠比須餅舖

1909	1912		1915	1917	1918	
丸莊醬油	瑞成書局	連得堂餅家	左藤紙藝薪傳	舊永瑞珍喜餅	榮木桶行	三和瓦窯

1877	1883	1886	1887	1888	1890
玉珍齋	峰圃茶莊	振地餅舖	鄭玉珍餅舖	王泉盈紙莊	有記名茶 許聚茂藥房 舊振南餅店

1898	1897	1896	1895	1891
新復珍商行	金春發牛肉	龍城號	李亭香 三和製餅舖 度小月擔仔麵	金長利新港飴 南頭河麻油

1919	1920	1921	1922	1923
尚文堂裱褙店 台南麻豆助碗粿（商標註冊店） 玉珍香餅店	鴻權薑絲棉被廠	兩喜號魷魚焿 茂川肉丸 貓鼠麵	福興號蘇家冰店	大菜市福榮小吃阿瑞意麵 錦源興

CONTENTS ✤ 目錄

南部

SOUTHERN TAIWAN · SOUTHERN TAIWAN

CHAPTER 3

東部

EASTERN TAIWAN

CHAPTER 4

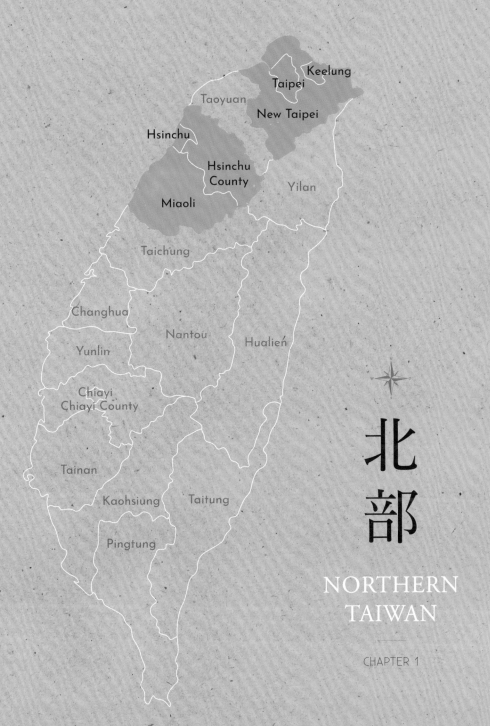

北部

NORTHERN
TAIWAN

———

CHAPTER 1

STORE. 01

北部 NORTHERN TAIWAN

KEELING 基隆

廣興堂青草店

走進歷史街區，體驗百年草藥風情

撰文 吳孟霖　　攝影 吳孟鴻

創立年分

確切年代不可考，目前傳至第四代

傳承秘訣

做一天和尚，敲一天鐘

特色

青草茶、苦茶、百草茶包

人氣招牌

百草茶

重要事蹟

堅持傳統道地配方，每日慢火熬煮八小時

位於基隆廟口附近商圈，有一條著名的青草街，短短幾十公尺，就有數家青草店，其中廣興堂是當地歷史最悠久的店。第一代邱明福從中國來，創辦廣興堂的歷史已經不可考，負責人邱垂顯是第四代傳人，也是本次受訪者黃麗卿的兒子，目前由黃麗卿負責主要經營。

黃麗卿本身並沒有任何經驗，四十年前嫁入邱家，開始摸索青草知識，但當時資訊不發達，加上公公非常嚴肅、不喜分享，於是她只能透過觀摩，並且研究流傳下來的草藥資料，一點一滴學習，才慢慢上手。

廣興堂創立之初，最早在基隆大華戲院後面，後來搬到仁愛國小附近，第三次來到阿華炒麵隔壁，幾經遷徙，目前店址是第四次才固定下來。黃麗卿說：「當初嫁入邱家時，就在這個店面，一轉眼就過了這麼多年！」

這四十年來，看著青草店的衰落，她其實非常不捨，很多人以為西藥科學、草藥不科學，但是草藥其實就是食療。曾經有一個顧客說：「古代沒有錢才來吃草藥。」這句話讓黃麗卿覺得非常可笑，也感嘆現代人對草藥的誤解，而讓這門知識慢慢失傳。

然而，這可是一項傳承幾千年的知識。

大家都知道神農嘗百草，從電視古裝劇中也可以看到草藥熬湯，現在則有許多青草茶，其實草藥離我們生活真的不遠，只是現代人生病都習慣吃西藥，因而忽略它的存在。黃麗卿說草藥需要時間熬煮，而且藥效緩慢，在講求快速的時代，這是多數人無法接受的事實，況且熬煮過程相當辛苦，自然也就慢慢失傳了。

以苦茶製作過程來說，選材料洗滌後，前天會先泡水一整晚，讓乾燥的草藥軟化，隔天清晨七點起床開始熬煮，預計五小時左右可以完成。如果需求量較大，可能清晨五點就要起床熬煮，才能在預計的時間完成。中午左右將苦茶渣撈起，最後還要冷卻兩小時才能完成，整個過程大概要花一整天的時間。

一般我們知道的五味，分別是酸甜苦辣鹹，但還有第六種味道「澀」，隨著現代食品加工業愈來愈先進，已經慢慢被改良，自然也被眾人所遺忘了。草藥裡

有一個共同特色，那就是「澀」，對人體幫助很大，因為這是人體自我修復的關鍵推手。

根據本草綱目記載，澀味有收斂止汗、固精、止瀉及止血等作用，愈苦澀的草藥其實功效愈大。大家都知道火氣大時喝苦茶，如果熬夜三、四天，喝苦茶可以馬上退火，功效大於青草茶，更甚於仙草。但大多數人不敢喝，甚至有些人將苦茶當作處罰的工具，看在黃麗卿眼裡相當不可置信。

這些都是好的草藥、對人體助益不少，如果人人都能擁有正確知識，並且不害怕它，其實很多時候是可以不用到醫院的。短期的病可以透過藥物治療，壓低症狀，但長期的病是需要時間修復的，因此她希望年輕朋友可以多了解草藥，知道它們功用，也多一些選擇的機會。

為了這個理想，廣興堂極力推廣科技製茶，並和上游工廠合作，將原本耗時的草藥熬煮過程，透過科技的方式，製作成乾燥茶包，以滿足現代人的需求。此外，她的兒子邱垂顯十八歲時便決定承接家業，至今已經認識草藥十幾年，對外更有說服力，也更能夠透過網路經營，打入年輕市場。

這一切的努力，都出自於想要傳承的初衷，這個市場有很大的年齡斷層，目前顧客多是中高年齡族群。黃麗卿說：「當一天和尚敲一天鐘。」只要有人願意來認識草藥，她都會不厭其煩為顧客講解，哪怕沒有消費，也希望多分享一些健康知識，讓更多人受益。

憑著這股信念，衷心希望百年青草店的故事，可以常存在基隆人的心中，下次有到廟口享受美食時，別忘了路過青草店，喝一杯苦茶退火喔！

• STORE INFORMATION

🏠 基隆市仁愛區仁四路 4 號
☎ (02) 2428-4228
🕐 08：30 ～ 21：00

廣興堂青草店
官方網頁

北部 NORTHERN TAIWAN

TAIPEI 台北

峰圃茶莊

引進茶包機，
打造台灣喝茶潮流

撰文／攝影　黑崎時代

創立年分

1883 年

傳承秘訣

不二價、不二心

特色

從日常要求品質細節，貼近每一位顧客
的需求

人氣招牌

阿里山高山烏龍茶

重要事蹟

全台灣第一家製成茶包形式的茶莊

照片提供／峰圃茶莊

位於台北車站 Z10 出口走路十分鐘即可抵達的峰圃茶莊,隱藏在人潮眾多的台北城中區內。從 1883 年營業至今,蔣家四代誠信經營,有許多日韓外國遊客前來指定購買峰圃茶莊的茶葉,作為回國推廣給自己親朋好友的台灣伴手禮首選。全台灣特色優良茶品在峰圃茶莊都可以買到,並帶回家細細品味其茶香,從阿里山高山茶、凍頂烏龍茶、陳年老茶、包種茶、東方美人等茶葉,都可在峰圃茶莊找到,更有為蔣總統命名為「寶國清茶」,象徵為「台灣茶,國之寶」之美名。

　　如今在漢口街的店面,距離重慶南路的老店只有一街之隔,於百多年前,來自於福建安溪的種茶世家第一代的蔣立淇,到廈門當學徒,進而學習製茶技術。那時候當學徒是沒有薪水的,當時揀茶的女工要他謊報揀茶的數量,但他並沒有因此而浮報數量,憑藉著認分的工作態度,當時的老闆資助蔣立淇,於廈門的鼓浪嶼,開設峰圃。

　　清末時期,峰圃茶莊的第一代掌門人蔣立淇,就讓兒子蔣禮池前來台灣做生意,先到台北大稻埕的茶行當學徒開始做起,學習相關的茶葉知識與市場現況。於 1922 年,蔣立淇就將廈門的峰圃,搬到台北,並改名為峰圃茶莊。如今的峰圃茶莊已經成為歷史悠久的百年老店,目前由第三代歲數九十高齡的蔣炳照,以及第四代蔣輝燦夫妻所經營。

　　受過傳統日本教育第三代的蔣炳照,即便是九十歲的高齡,依然堅持著每一天穿著西裝筆挺,到店內泡茶與顧店,就這樣日復一日沒有中斷過。在蔣炳照的經營理念下,將茶葉售價公開透明化,幾乎十年左右都不曾漲價或更改價格,獲得許多顧客的信用與信任。主打「不二價」的精神,成為了百年茶莊老店的指標。

在民國初年的社會，需要有執照才能正當的販賣茶葉，蔣炳照隨手指向身後的早期政府所頒發的賣茶牌照，更是本店的鎮店之寶，代表著第七家能擁有賣茶的資格，如今，賣茶已經不需要任何執照。這牌照至今也掛在店面的牆上，成為歷史的痕跡。

由於當時賣茶的單位與現在所使用的不同，更與外國遊客對於重量的單位，有很大的差異。因此，遊客前來台灣買茶，常常會無法理解台灣茶葉的單位與計價方式，所以在買賣上很容易造成溝通不良的問題。為了解決此問題，蔣炳照將店內的茶葉報價單，統一更改成公克計價，並修改成不同語言，方便外國遊客閱讀並理解台灣茶的計價方式。

不僅如此，第三代蔣炳照在 1971 年時，為了讓台灣喝茶的民眾，有更加方便的品茶方式，從德國引進了茶包機。當時茶包機的價錢宛如天價，等同於那時候一棟房子的價錢。引進茶包機的舉動，為同行中的創舉，開創了台灣以茶包的飲用方式，創造後一波的品茶流行文化，讓峰圃茶莊於茶行的地位，更上了一層樓。因此，台灣各大飯店使用峰圃茶莊的茶包與茶葉當伴手禮，打造了一個全新風潮的炫風，席捲全台灣。

如今的台灣隨著時代的變化，由於社會上的工作繁忙與講求速食化，在路邊都隨處可見的手搖飲，人手一杯的流行方式，造就了傳統茶行的新危機。峰圃茶莊的第四代掌門人蔣輝燦夫妻，基於三十年前想要讓更多人知道茶葉的好，除了本身販賣茶葉以外，開始推廣更加方便的喝茶方式：手搖飲。於店內設立一角，賣起了當時還不流行的珍珠奶茶，與店內主打現泡的台灣各地茶葉，讓旅客能直接點一杯現泡東方美人茶、阿里山高山烏龍茶等。不僅如此，主打現泡茶葉飲品，也另外推出配著吃的茶點，像是有著台灣形狀的鳳梨酥，甜而不膩，更成為了日本旅客心目中的台灣伴手禮首選，帶回能代表台灣的鳳梨酥和茶葉，給親朋好友嘗嘗。

　　以傳統泡茶聊天增進感情的方式已少見，但峰圃茶莊至今依然協助對茶葉不了解的顧客，到店裡直接泡茶給顧客聞香、品嘗，也告訴顧客有關於茶葉的知識，非常樂於分享。現在的峰圃茶莊，有著九十歲日語溝通無礙的蔣爺爺和第四代蔣輝燦夫妻共同經營，成為許多國外旅客前來峰圃茶莊的認明指標，蔣爺爺也成為了日本遊客口中的活招牌、吉祥物，這份純樸與商業信用的要求，再加上十年左右沒改變價格的茶葉訂購單，讓峰圃茶莊成為了百年茶莊老店的新指標。

・ **STORE INFORMATION**

🏠 台北市中正區漢口街一段 86 號

☎ （02）2382-2922

🕐 09：00 ～ 21：00（週一～週六）；09：00 ～ 19：00（週日）

峰圃茶莊
官方網頁

峰圃茶莊
Facebook
粉絲專頁

北部 NORTHERN TAIWAN

有記名茶

TAIPEI 台北

百年有記，有趣的
故事還在繼續……

撰文／攝影 黃星星

創立年分	1890 年
傳承秘訣	專業與初心
特色	保留傳統，注入年輕活力
人氣招牌	奇種烏龍
重要事蹟	唯一保有炭培烘製茶葉工藝

照片提供／有記名茶

提起有記名茶，很多人可能都有聽說過。這是一家創立於 1890 年，坐落在大稻埕的百年老店。它曾見證台灣茶遠銷海外的鼎盛時期，也正經歷著商品茶走向現代化、精品化的進程。

大稻埕，見證了台灣茶出口的鼎盛時期到退燒。隨著外銷量日益萎縮，許多當年靠外貿致富的老茶行，因為敵不過世代環境的變遷而黯然退場。而百年有記，始終堅持在大稻埕，娓娓細訴著台灣茶美麗動人的故事！

從外面看有記名茶的本店，是一棟古老的建築。裡面的陳設有著古色古香的韻味，保留著幾十年前的風格。進去之後，讓人有種回到過去的感覺，隱隱約約透露出前幾代人純樸、寧靜的處事風味。

✤ 經營百年的秘訣

俗話說：「創業容易守業難。」

在早期經濟騰飛階段的台灣，創業很容易，只需要選定一條正確的道路，努力拼搏克服困難。但守業，則是每一個繼往開來者需要面臨的難題。有一些品牌的輝煌，不過是曇花一現；有一些品牌儘管歷經淬鍊，但終究敵不過時代的洪流，有記名茶不外乎也面臨同樣的挑戰，努力地精益求精，開拓一條專屬於有記的康莊大道。

有記名茶經過前面三代人的共同努力，打造了一個專業、有口碑的茶業品牌，奠定下良好的基石。傳承到了第四代、第五代，得要面臨的巨大挑戰是台灣經濟發展速度趨緩、進口茶搶占市場，以及咖啡、手搖杯等飲料加入競爭，使得傳統台灣茶的發展一路風雨飄搖，茶行的經營上更顯得日益艱難。

有記名茶的第五代接班人 Jason，曾經留學美國，畢業後選擇回台灣繼承基業。他說：「從小受到家裡的影響，對茶葉自然而然熟稔。有記希望可以破除消費者對於產地、品種、海拔、季節與比賽的迷思。堅持對品質的追求、傳承炭火的烘焙，發揚有記的味道。」

一縷茶香，不變的「初心」，是幾代人共同努力的堅持和信念。

也許很多人會好奇 Jason 當初是出於什麼樣的契機和心情，決定接手家族事業。他曾經的夢想是什麼？家人的期待和自己個人志向，是否有衝突？

關於個人志向和家族傳承的問題，Jason 說：「以前有想過要當飛行員，平常也會去潛水。可是興趣如果變成職業，也許就沒那麼有趣了。我挺幸運的，可以有這樣的條件做現在所做的事。」

對於 Jason 而言，決定把有記名茶傳承下去，是責任亦是使命。

✿ 如何讓茶變得更有趣

在世代傳承的磨合階段，總會有些理念上的衝突。在有記的店裡面，你可以看到各種傳統與時尚的融合。復古的台灣茶禮盒、簡約時尚的茶包，分別陳列在不同區域。中西結合，打造創意美學。在這裡，你可以看到兼容並蓄、豐富多元的茶，只要認真挑，總有一款適合你。

✿ 有記名茶，華麗轉型，注入輕時尚的活力

有記名茶的本店，除了精製加工茶、販售茶葉等，也會接待學生參訪團和旅行社的觀光團，宣傳一些茶葉知識、茶文化等。在

照片提供 / 有記名茶

我們看茶、聊茶的過程中，Jason 分享了一個小故事，有一次他在接待一批大學生的參訪團。其中一位二十來歲的同學，聽到一半時，突然很興奮的說：「這個地方，我想起來了！在我很小很小的時候，跟家人來過這裡」。十幾年過去了，那個記憶依然在這位同學的心中。這正是茶知識傳播的意義。

深耕教育，種下一顆「茶的種子」，以及對傳統文化的認同和熱愛。

⊕ 即使艱困，也要繼續走下去

　　近年來，台灣茶受到進口茶、咖啡等多種因素的影響，已經不像幾十年前那樣，銷路可以動不動就按噸來賣。我們很好奇，Jason 會打算如何經營下去。他說：「喜歡喝茶的人，買過一次有記的茶，很多還是會再回來。把茶葉做好，順其自然。」此外，有記名茶轉型後推出的飲 joy 系列時尚茶包，在各大百貨商場都有販售。有記名茶，未來也有機會跨足飲料店。

　　最後，要介紹的是「有記 Lab」，這是 Jason 精心打造的一個茶酒空間，在 2020 年 9 月開幕。地點就在本店的隔壁。一樓是吧檯的設計，二樓是座位區。店內的裝潢設計走的是時尚簡約風，可以聽音樂、喝茶、喝酒、吃點心、聊天，是一個非常舒適又讓人放鬆的空間。

　　Jason 的未來展望──讓喝茶這件事變得簡單又有趣。

　　有記名茶，可以分享的，不只是一杯茶的故事，還有幾代人的熱忱和努力，是台灣的記憶和榮耀，代表對傳統的尊崇，對生活的熱愛，對健康幸福的追求，以及對未來的期許。

・ **STORE INFORMATION**

🏠 台北市大同區重慶北路二段 64 巷 26 號

📞 (02) 2555-9164

🕐 09：00 ～ 19：00（週日公休）

有記名茶　　有記名茶
官方網頁　　Facebook
　　　　　　粉絲專頁

撰文 劉潔妤　　攝影 曾令懷

創立年分

1890 年

傳承秘訣

長輩親自示範各類藥材加工炮製的過程，
並且詳加細說注意事項

特色

藥材會依傳統製法炮製，如當歸酒製、白
芍炒製

人氣招牌

保健類中藥材

重要事蹟

自叔叔李文雅開始，專注在靈芝生意上

當夜幕低垂之時，此刻士林夜市正要燈火通明，在士林夜市之中，佇立著一棟古色古香的建築物，那正是許聚茂藥房。週一至週六的早上九點到十二點，以及下午四點至晚上九點半都能看到許聚茂藥房營業。

清領時期太祖父自福建舉家搬遷至台。因年代久遠，後代無法確切得知何時來台，只知高祖父許添的時候就已在金山區金包里落腳。高祖父不是中醫師，真正的中醫師是他兒子，同時也是許聚茂藥房創辦人的許純卿。

許純卿每個月從金山徒步到士林幫人看診，月底之時再回金山，歷時約一年之久，許純卿發現士林的商機，於是舉家搬遷至士林。

許純卿別名「花判」，因為在診脈的過程中是不能講話和聊天，診脈過程中如有講話或聊天的情形會影響其診脈，所以許純卿會很兇地對顧客說：「請你們安靜！」。許純卿到六十四歲之後可以不問診就直接診脈並診斷出症狀。許純卿過世之後，由於他的兒子許彬很早就過世了，所以由現任老闆的爺爺許木來繼承。

從爺爺開始許聚茂藥房不再有中醫師為人診脈治病，慢慢轉型成一般中藥房，爺爺對於中藥材是依照古法自行加工處理，不委託外面廠商。所以爺爺蓋許聚茂藥房現址這棟建築時，樓上有分洗藥區、曬藥區及炒藥區。有些藥材會在樓上做清洗，因為有些草藥會殘留泥沙，洗完要滴水瀝乾，瀝乾之後拿去陰乾，陰乾後再拿去日曬。大多下午一點清洗，用水泡四、五天，再拿去樓上鋪平吹風陰乾，隔天有太陽的時候拿去曬，在曬的一天當中，有太陽的時候要翻面（三十幾度的天氣大約一天就乾了），之後收到收納袋裡面來防潮，但這樣的作法有一個缺點就是藥材會長蟲，咖啡色的小瓢蟲 —— 鋸角毛竊蠹，俗稱菸甲蟲。

父親許輝雄接棒後依然延續爺爺許木的做法，將購買回來的中藥材原料依古法炮製，當蟲打洞吃到藥材核心或藥材發霉時，便只能丟掉，因為炮製時間及保存的過程會耗材，所以相對的藥材價格會貴一點。以前買回來會自己加工自己切，這幾年政府政策的演變是需要幫藥品把關，境外檢驗與抽驗入內檢驗的都有，所以很多加工廠都到中國加工和包裝，導致店內買不到原料，使原料的價格會比成品還貴。所以國內只剩下十來種左右的藥材有在加工，其他大多跟工廠購買，而跟工廠購買必須要有產品標示，從前都是一包包整個布袋進來的然後自己再處理，但是現在都沒了，從民國 88 年老闆去上課後改走保健路線，賣的都是保健類中藥材，不涉及醫療行為。

顧客對許聚茂藥房信賴的原因是老闆很有誠信，不因自己不是醫師而胡亂診脈開藥，所以當顧客有問題時，會建議顧客去找西醫檢查，並依照顧客需求建議顧客，在確定病症之後看是要選擇西醫治療還是中醫師治療。

顧客最喜歡買胡椒粉，不添加東西，直接用胡椒粒打的，所以許多人吃過許聚茂藥房的胡椒粉後再也吃不慣外面所販售的胡椒粉，老闆很熱誠的送筆者一包胡椒粉帶回家料理時添加，筆者使用後覺得跟市面上有著不一樣的味道，有著胡椒粒天然香氣，令筆者愛不釋手。

照片提供／許聚茂藥房

店內擺設著一整面牆的藥材櫃，一邊是以前中醫師替人診脈所留下的藥材，一邊是許聚茂藥房現在還使用的藥材。櫃上的藥罐一邊是台灣製造的，一邊是清朝時期從中國帶來的藥罐，自清朝時期流傳的藥罐仍被老闆保養得晶瑩透亮。

現任老闆許鴻銘會將店面騎樓空餘位子免費給一些攤販擺攤，倘若有天老闆經營不下去而將店面售出或租給他人之時，就無法繼續免費讓他們擺攤，但老闆還是會另闢小店面繼續販售保健類中藥材，以延續祖先的產業。

・ **STORE INFORMATION**

㊉ 台北市士林區大東路 33 號

☏ (02) 2881-2936

⏰ 09：00 ～ 12：00、16：00 ～ 21：30（週日公休）

STORE. 05

北部 NORTHERN TAIWAN

李亭香

TAIPEI 台北

百年台派糕餅新變化，
拉近年輕靈魂的心

撰文／攝影　C'est La Vie 實研室

創立年分	1895 年
傳承秘訣	秉持傳承「台派糕餅」的使命與專業
特色	融合古法傳統與當代創新之台灣道地糕餅
人氣招牌	金錢龜、平安龜、平西餅等
重要事蹟	2016 年優良創新老店及在地深耕獎

照片提供 / 李亭香

　　身為土生土長的台北囝仔，我對大稻埕的印象因歲月累增而逐漸眷戀。從只在過節才會拜訪的南北雜貨，到因喜愛手作開始習慣每季去永樂市場採購；而近幾年文青店鋪林立，結合在地文化的美食更是讓我眼睛一亮，乖乖每月準時報到。

　　長期觀察商圈，不難發現它的生氣蓬勃與新血注入相關，年輕人與父祖輩一起努力將創新融入傳統，促使兩代靈魂再創大稻埕風華。

⊕ 開創古早手藝順應潮流打造經典

坐落迪化街終端的「李亭香」，正門入口旁的孔雀鐵椅散發文青質感，直接吸引行人目光。往上一看，日式木窗上的「Enjoy your Taiwan Time」正娓娓訴說那融合一世紀台日美文化的糕餅史，是只屬於大稻埕的百年好滋味。

第一代李鵬飛在台灣最早的糕餅鋪「寶香齋」學得做餅手藝後，便回到家鄉蘆洲成立餅店，由於當時亭仔腳（騎樓）時常飄出糕餅香，遂將餅店命名為「李亭香」。而第二代李淵潭選擇拓點至大稻埕迪化街，除了懷念創辦人在寶香齋學藝外，更因大稻埕位於港口旁，商圈範圍一路沿至環河南北路，是 1950 年代台灣最重要的市場集散地，各地高品質南北雜貨，例如：麵粉、香料、茶葉等，皆能在這裡最快取得。

早期北部的平西餅包著甜甜的白鳳沙，對於需要在炎熱夏天走動的工人來說，冰涼且有飽足感的餅是工作最大的動力來源，出門在外只要帶著兩塊餅就足以撐過一餐。而深受日治時期文化影響的台灣，開始興起一波咖哩風潮，市場大量引進南洋香料，飲食習慣改變並朝向精緻化發展。第二代李淵潭發現並發揮巧思將平西餅加入咖哩及肉塊，順應潮流使漢餅如同和菓子，可配合茶飲一同品嘗，而這項經典商品至今仍是李亭香招牌之一。

⊕ 傳承與創新結合，百年餅店挺過一次次的世代挑戰

李亭香每代接班人都曾碰到世代變遷所帶來的飲食衝擊，誠如店家所說：「百年品牌能夠永續傳承的成功因素，不外就是兩個，一個在『人』，也就是下一代願意接手；另一個在『思維』，簡單來說，就是遇到挑戰時能夠與時俱進。」在保留傳統的基礎下，順應潮流加入新元素，讓每一個新世代有機會了解它，對它產生興趣，最後願意嘗試它，那麼這品牌就不會因生活改變的衝擊而輕易消逝。

回頭觀察李亭香糕餅的發展，其實也是台灣百年糕餅史的縮影。由於健康觀念興起，讓吃素這件事不再單純被貼上信仰所需的標籤，而是少油飲食的習慣養成，這也促成了「香菇平西餅」的誕生；之後隨著美軍入駐，帶來的西方文化更是台灣糕餅歷史上重要的轉折點。隨著西化風氣深入社會，當時消費者認為吃牛排配紅酒、喝咖啡搭蛋糕才是流行，促使受到衝擊的傳統漢餅經營者努力思考並試圖將東西方元素結合，於是有著夏威夷果仁與奶酪起士的「白玉平西餅」，一推出就受到時下年輕人的喜愛。

✥ 文青台派糕餅帶你跳脫百年傳統的刻板印象

2003 年的 SARS 衝擊台灣各大產業，但就像店家所說：「危機即是轉機」，大家所看到的總店現址，其巴洛克式的台式洋樓外觀正是當時重新整修，過去的李亭香給人的印象除了有美味糕餅外，其實更像是什麼都找得到的雜貨店。第五代負責人李佳陽除了秉持傳承「台派糕餅」的使命與專業外，更與父輩爭取百年老店轉型，專注糕餅並成為知名的伴手禮品牌。而 2020 年新冠病毒帶來的觀光衝擊、外國遊客驟然消失則是讓店家再次思考，現在的他們能再多做些什麼，再次挺過此波危機。

於是，加入文青元素的李亭香總店再次升級，團隊除了將店外觀打造成時下年輕人喜歡的質感店，以吸引遊客停下拍照外，更將 1950 年代一茶一點心的日式飲食習慣再次放入店內。如果您有機會到訪李亭香，不妨放慢腳步，點一壺茶、選一塊喜歡的點心，坐在邊角一隅細細品嘗大稻埕的風華。

✥ 發揮巧思推廣製餅手藝加深新世代漢餅印象

「李亭香 2015 年創設『餅藝學苑』，目前有兩種課程開放民眾報名，一個是不分大小年齡的敲敲平安龜（歸），另外一個就是製作工序較為複雜，建議小學以上參與的平西餅」。

店家與我分享課程內容時，突然又像想起什麼似的，緩緩說道：「其實，我們餅藝學苑大概就是打平而已，當初成立也不是以營利為目的，主要是希望讓更多不同年齡層的顧客有機會認識台派糕餅，透過做中學讓他們對糕餅的印象不再遙遠，至少讓下一代的回憶是有趣、好玩，讓這文化可以繼續留存！」

「如果要推薦一樣商品給從未到過貴店的訪客，您會推薦哪個呢？」我好奇地問。

「我會推薦金錢龜！」店家不加思索地說道：「當時我們看到廟宇因乞龜文化打造的純金烏龜就想到，其實我們店裡就有平安龜，為什麼不把它做成可拜可吃的黃金龜呢？可一做下去才發現，裡頭所需的細節樣樣是關鍵！」

照片提供／李亭香

　　「光是將金箔服貼黏上糕餅就是功夫！」店家苦笑地看著我：「太小力呈現不出『壽』字；太大力啪地一聲金箔就裂了，只能重來。過去也曾想過要不要噴金粉，但考量到金錢龜內的牛軋糖遇熱容易變形，我們希望給客戶都是最好的商品，最終還是決定以手工方式完成製作。至於出給廟宇的主龜，則是完成每一小隻金錢龜後，我們的師傅平均要再花三十分鐘進行組裝，最快一小時也只能組完三隻，而全台灣，目前只有我們家有能力做出廟宇需要的金錢龜！」從店家閃閃發光的眼神中看到，雖然工序費時但客戶的滿意與肯定，是帶給李亭香團隊最大的成就感。

　　時代推移，不但沒有將李亭香變得老舊並消逝於歷史洪流，每代接班人面臨經營衝擊反而淬鍊出更多的創新火花，運用巧思走在潮流上，為百年品牌注入豐富的文化歷史。下次如果有機會到訪大稻埕，推薦您一定要將李亭香排入行程內，除了選購伴手禮送給海內外的朋友外，更別忘了體驗餅藝課程，感受台派糕點所帶來的百年深度與感動。

• **STORE INFORMATION**

🏠 台北市大同區迪化街一段 309 號
📞（02）7746-2200 # 200
🕙 10：00 ～ 19：00

李亭香
官方網頁

李亭香
Facebook
粉絲專頁

STORE. 06

北部 NORTHERN TAIWAN

龍城號

TAIPEI 台北

用膨皮麵和燉雞湯守住
萬華的百年古早味

撰文 劉潔妤　　攝影 劉潔妤、曾令懷

創立年分	1896 年
傳承秘訣	堅持傳統與開拓新方向
特色	台南意麵、人蔘雞、香菇雞、黃金蛋、冰品
人氣招牌	台南意麵、黃金蛋
重要事蹟	日本商務客來台出差必吃美食

昔日在台北市，最繁榮的地方非萬華莫屬。如今的萬華仍保留昔日氣息，甚至不少店家營業超過一甲子，其中一家更有百年之久，正是如今搬至剝皮寮歷史園區正對面並改名的龍城號。

採訪當日千里迢迢從淡水山上特地去萬華，因到當地時間尚早，於是在剝皮寮歷史園區附近走一走，順便詢問一下當地居民。問了一個奶奶，問她知不知道龍城號這一家百年老店，她說不知道。於是我問她說進財切仔麵知不知道，奶奶才說：

「哦！這家很有名啊，就是在那個位置啊。」原來老一輩們都以為進財切仔麵關掉了，殊不知只是改名而已。

✢ 過去的進財切仔麵

詢問龍城號老闆洪嘉良才知道，最一開始因為阿公叫進財，所以叫進財號，後來改為眾所皆知的進財切仔麵。最一開始在龍山寺前的廣場賣，後來圍起來，所以搬到龍山商場。過段時間因為商場那塊地原本要弄成像圓環一樣乾淨，所以將商場拆除改成公園，周邊店家全部遷到今萬華車站對面停車場的現址，結果又遇到拆除，於是全部搬至捷運一號出口周圍搭鐵皮屋，也就是在現今公園附近。結果遇到公園即將完工，被迫遷至行政大樓地下室，洪嘉良眼看地下室雖是商場但是門可羅雀，且遊客不會到此處遊玩，決定自行搬至剝皮寮歷史園區正對面，後來房東需要房子，所以才會搬到隔壁幾家，也就是現址九十四號。

之所以改名是因為哥哥去板橋開店，考量到進財切仔麵這個名稱響亮，再加上國稅局的稅賦規定，於是哥哥持有進財切仔麵這個名稱至板橋開店，弟弟則將老店改名為龍城號。外公名龍城，昔日在商場賣吃的，賣人蔘雞、當歸鴨、香菇雞這類燉品，結合了外公與阿公的做法，於是變成現在的龍城號。

✢ 在台北賣台南意麵？

洪嘉良每天凌晨兩、三點就親自去市場挑選新鮮食材，載回來做後續處理並準備菜色，接著準備早上十點半開店，一直到晚上七點關店後準備隔天的食材，直到準備完成以後才是真正打烊。許多人都會好奇店裡的招牌「台南意麵」為什麼跟別家店不一樣，洪嘉良說，因為賣麵條的老闆有摻入綠豆粉，讓麵條吃起來軟嫩有嚼勁，但是相對的，麵條放一會兒就會變成暗色，不像其他店家一樣是白色的。曾經嘗試過用其他家的麵條，結果顧客的反應皆不好，於是繼續和這家合作，就這樣當初麵條洪嘉良從台南和爸爸合作至今已四十多年，雖然單價較高，但相對的品質較好。

一般燉品都使用白鐵，而龍城號使用的是阿公傳承下來的陶瓷，所以才能別有一番風味。阿公的麵裡都會加豬皮，因為以前的人吃不起豬肉，就會用豬皮代

替肉，於是都會將豬皮拿下去炸再去煮，也就是俗稱的「膨皮」。也因為這樣的種種累積與傳承，才能有所堅持，造就現在的龍城號。現在北部會放膨皮的店家所剩無幾，因為沒有利潤加上南部才有放膨皮的習慣，所以膨皮愈來愈少人會製作，甚至是加在料理上。

⊕ 多樣化的龍城號

過去龍城號只販售麵，在以前那個時代沒有像現在有方便的外送平台，甚至是免洗筷與免洗碗，因此只能將麵裝在鐵盒子裡送到顧客家。雖然現在有外送平台很方便，但是考量到與內用口感差異太大，故不與外送平台合作。以前的人只求溫飽，現在的人則求變化，於是龍城號現在店裡有二、三十種的小菜任君選擇。

洪嘉良回憶，最早的記憶是在商場生意很好，當時的繁華與熱鬧是現在無法想像的，中午開店一直營業到半夜兩、三點才休息，每逢過年也還在營業，不像現在過了半夜十二點就沒什麼人了。因為北部房價過高，於是人口逐漸外流，特別是萬華，如今成為老社區，年輕人不太來走動加上大家認知裡覺得萬華很髒亂，但其實自從做了剝皮寮歷史園區後已變得更乾淨了。

洪嘉良建議第一次來的顧客，夏天可以點個飯或乾麵搭配苦瓜排骨來解熱，冬天可以點個人蔘雞來禦寒搭配豬皮麵，小菜可以嘗試看看黃金蛋，不同於別家做法，店家最早使用的是溫泉蛋。下次來不妨吃吃看有何區別吧！

因為這兩年遇到疫情損失慘重，但是生活尚過得去，加上政府有補助、房東體諒而房租減少些許，目前和新店台電廠合作賣冰棒，讓到剝皮寮的人能解暑。菜色仍維持老店特色，讓人口老化的萬華的長輩們能有個回味的地方，不因為吸引年輕人而失去老店特色。

• STORE INFORMATION

地 台北市萬華區廣州街 94 號

電 (02) 2336-7668

時 10：00 ～ 18：00（週一公休）

龍城號
Facebook
粉絲專頁

撰文／攝影　黑崎時代

創立年分

1897 年

傳承秘訣

吃到新鮮牛肉本質

特色

專賣牛肉

人氣招牌

咖哩番茄牛肉、咖哩牛肉麵

重要事蹟

開創飲食牛肉文化的先驅者

　　台北後火車站與大稻埕附近，一直都有許多美食與過往的歷史文化遺跡，金春發牛肉店的天水路總店，就是隱藏在這巷弄中的百年老店。提供炒番茄牛肉、牛蒡炒牛肉、咖哩牛肉麵等多項好料，吃得到全牛各部位的私房料理，獲得老饕一致好評。從 1897 年創立至今，已經傳承至第五代經營，並開了五家分店，分布在台北各處，更是許多外國遊客，像日本或香港，指定前來吃的台灣牛肉美食。

　　以手推車之姿，在大稻埕販賣著川燙牛肉作為便民的小吃，那是 1897 年的時代，台灣正處於日治時期的第三年。金春發牛肉的第一代陳屋，在牛肉相關小吃不普及時，以這樣方便實用的美食，將輕薄的牛肉在鍋裡川燙個幾下，即可至碗中端給顧客享用，迅速填飽許多來來往往做生意的人潮或在地居民的胃。這樣簡單的好滋味，引起了顧客們的口耳相傳、互相介紹，也讓金春發奠下了基礎。

　　到了金春發第二代，也是陳屋的媳婦陳徐慧娟，開始學習並經營金春發，改在台北後火車站這邊的夜市經營。從一家原先是手推車販賣的川燙牛肉，開始有了簡單的小店面，即便是一張桌子搭配著一張長板凳，來來往往的人潮依舊不減。此時，菜色從原本有的川燙牛肉，更增加了牛肉的各區內臟部位，像是牛睪丸、牛肝、牛腰、牛腦、骨髓等等，也推出了熱炒和牛肉湯等菜色，更堅持使用台灣本土的牛肉，呈現優質與甘甜的牛肉品質與菜餚。

　　擴大菜色與經營品項之後，從原先的南京西路圓環改移到重慶北路上，由於當時附近都是酒家多，這樣重口味與熱炒形式也受到附近顧客喜愛，讓店面的營

業時間偏晚，以符合顧客的需求。當初的金春發牛肉，也逐漸奠定了走向牛肉專賣店之路，如此多的品項，要炒出本身食材的味道，本身就要下一點功夫，在當時的社會牛肉專賣店也不多，很快就攻下台北地區的牛肉專賣店龍頭地位。

第二代經營者陳徐慧娟，把店交給第三代陳義寅與林芝嫻夫妻之後，即便是九十歲高齡，依然堅持每天到店內幫忙，打理店內的一些雜事。此時的金春發牛肉，由於重慶北路圓環被拆，轉向了如今屹立不搖的天水路總店位置，直到至今。金春發牛肉店，也透過掌門人的兄弟姊妹，互相往外擴展店面並開拓新事業，到目前有承德店、南港店、北投店、北安路店，興隆路上也新開了一家，則由第三代陳義寅與林芝嫻夫妻的小兒子陳奕達經營，大兒子陳霆叡也接手天水路總店的生意，與太太游文君努力，成為打拚的第四代接班人。

如今的金春發牛肉天水路總店，為了要讓與現在普及的各種牛肉店有所區別，菜色已與其他分店有所不同，更開發了香料咖哩，使用不一樣的香料去調配屬於自家的咖哩味道，咖哩搭配的牛肉系列產品，像是咖哩牛肉麵、咖哩番茄牛肉等等，作為提升牛肉專賣店的質感，才能繼續往下一個時代邁進。不僅只有基本的食材品質好，還要不時地開創其他的可能，來打造一個自家的牛肉專賣店品牌。

◆ **STORE INFORMATION**

🏠 台北市大同區天水路 20 號

☎ （02）2558-9835

🕐 11：15 ～ 20：50（週一公休）

金春發牛肉
官方網頁

金春發牛肉
Facebook
粉絲專頁

撰文 李芝瑩　　攝影 李芝瑩、石恩

創立年分

1921 年

傳承秘訣

接續傳統，追求創新

創舉

一碗兩喜，同時放入魚丸與生魷魚

人氣招牌

兩喜魷魚羹、米粉炒

重要事蹟

總統招待捷克外賓的美食；歷任總統、市長必訪老台北經典美食

風和日麗、豔陽高照的平日下午，筆者來到台北歷史最悠久的地區之一：萬華。此行是為了要拜訪兩喜號的第四代經營者 ── 陳輿安。兩喜號西園店二樓擁有明亮乾淨的用餐空間，陳輿安在這兒炯炯有神地翻著舊照片，娓娓道來每一代經營者的故事。艋舺地區百年來的風華與變遷，兩喜號都一同經歷。

⊕ 角頭的另一條路

第一代經營者 ── 陳兩喜，也就是陳輿安的阿祖，十八歲時就挑著扁擔在龍山寺旁賣魷魚羹。那時還沒有店名，直到第二代的經營者 ── 陳清水，在龍山寺旁擺起攤子，才以父親為名，將店名取為「兩喜號」。

現今兩喜號西園店對面的公園，早期原本是「露店商場」，露店在日文裡是攤販的意思，是那時的臨時商場。陳清水當時繼續在露店商場經營生意，不過他認為一般魷魚羹的魷魚幾乎都是包在魚漿裡的，只是「呷氣味」而已；他希望讓顧客可以吃到大塊又新鮮的生魷魚，同時又保留經典的魚漿，因此創造出了這碗包含魚丸與生魷魚的羹。而露店商場時期除了持續提供經典且獨特的魷魚羹，當時所發展出的米粉炒也是人氣料理之一。

說到艋舺以前很多的「角頭」，陳輿安打破了大部分人對角頭即黑道的迷思。早期大家都有自己的地盤跟領域，聚集在一起是為了保護在這兒做生意及生活的人，當然露店也不例外。而年輕人難免有些衝突，露店和廟口的角頭確實就像電影《艋舺》刻畫出的樣貌。陳輿安提到自己的父親也曾是現在所說的「8+9」，因為商場有拜拜的文化，父親也會舞龍舞獅。

「我現在給你兩條路走，你就是跟我做生意，如果你不想做生意，你就出去做流氓。」陳輿安的阿公對自己的兒子這樣說。陳輿安的父親 ── 陳秉駿，最後因著孝順的心回到露店共同打拚，也讓兩喜號傳承到了第三代。

⊕ 富貴險中求的兩喜號

後來，台北市政府規劃捷運，本身就是公園用地的露店被拆除。現在也許雲淡風輕，但其實當時拆除的過程充滿爭議與衝突，而面臨抉擇的第三代認為技術還是得傳承，因此決定持續以路邊攤的方式延續兩喜號的生命。

當時的路邊攤就擺在現今西園店門市前，陳興安的父母不願這間店在這一代被收起來，靠著不服輸的精神，每天晚上被垃圾車叫醒，營業到隔天早上，酒客成為主要的消費者。在母親的生意頭腦與品質優良的魷魚焿下，兩喜號逐漸擁有一定的客流與生意量，讓他們有信心重回店面。但當時門市成本相當高，在艋舺能做店面的幾乎是大企業連鎖，因此他們也背負著相當大的壓力。

幸運的在不久後，台灣開始實施「週休二日」，掀起了週末小旅行的風氣。許多行腳節目與媒體開始挖掘美食，剛好兩喜號此時拓展門市；在天時地利的大環境之下，兩喜號不只是老店，更是地方小吃代表，因此獲得了許多關注。撐過了前面辛苦的時期，可謂「富貴險中求」的最佳映照。

近年，兩喜號還獲得了台北市政府所頒發的老店證書。陳兩喜剛開始賣魷魚焿時，政府連商業登記都尚未有呢！好在這碗魷魚焿存在許多耆老的記憶中，通過了嚴謹的認證過程。在政府認證的加持後，兩喜號迎來了更多官方媒體報導。兩喜號也進一步做起外燴，成為台灣小吃的形象之一。

⊕ 新時代的轉型

「我給你兩條路走。」就如同阿公對爸爸講的，陳興安的父親也跟他這樣說。

父母年紀大了，陳興安也想將大學所學的企管專業用於家業上，便放棄音樂夢，致力將兩間店企業化與制度化，這六年來也有相當好的成果。傳統老店如果只靠人的經驗傳承，很容易有失傳的風險，因此陳興安建立起系統，透過建立人力、行銷、生產端與教育訓練的標準作業流程，讓兩喜號不只是一間餐廳，而是一個品牌。

趁轉型之際兩喜號也重新設計品牌，保留核心元素，加深顧客的印象。2019年將總店改為「百年文化館」，而 2020 年更在西園店的設計上增添萬華附近的名勝古蹟，將地方文化帶入店裡。最近，還設計了兩隻類似日本文化的吉祥物——

「魷喜君」與「九米醬」迎接遊客，呼應日本時期即開業的老店，更打造小朋友喜歡來此跑跳玩樂的空間。

每個世代有不同的環境與脈絡，創新的想法一開始難免會與上一代有些衝突。陳輿安靠著認分與認真感動父母，讓父母從抗拒到慢慢接受，進而期待他可以做得更多；而後，父母甚至也被激起了最初的熱情與鬥志，提供想法共創。在父母與自己的方式間找到平衡點，陳輿安花了兩年左右發現兩喜號的優勢——文化。以文化為根基的這條路，愈走愈廣，進而與許多單位合作。面對挑戰與衝擊，兩喜號以穩健的方式創新，陳輿安不只在兩喜號找到自己，也開闢了老店的最佳出路，再次展翅高飛。

在堅持與創新並進下，兩喜號還增添了滷肉飯、清湯與小菜等品項。滷肉飯一開始是為了滿足食量較大的顧客，沒想到也獲得了經濟部滷肉飯節的獎項。這讓兩喜號把每一件事都做好的堅持再次體現！

近年，兩喜號在地方深耕與老店創新等領域皆屢屢獲獎，甚至成為總統府招待捷克外賓的代表美食，陳輿安努力將台灣老店擁有的軟實力推向國際。而《艋舺》也讓兩喜號的業績再次爆紅，趙又廷口中：「老闆，五碗魷魚焿帶走！」所呈現的場景，就是導演堅持將記憶中第三代的攤販復刻出來的。

陳輿安不藏私的分享，讓筆者除了更認識萬華與兩喜號四代的故事，也學到兩喜號世代流傳的生活哲學與經營哲學，陳輿安的勇氣、堅持與大膽創新都令筆者相當佩服。感謝能有這個機會爬梳艋舺，挖掘出鮮明且立體的歷史故事，深刻地認識如此貼近地方的人文。

「一碗兩喜，百年獨味」，兩喜除了是陳輿安阿祖的名字，也代表生魷魚和魚丸這兩樣東西搭配在一碗焿裡的意象。兩喜號見證艋舺不凡的歷史，它靜靜地觀察著這片土地的變化，陳家的家族史也可以說是艋舺的一部分了。百年老店交到陳輿安的手上，風華再次開展！

• **STORE INFORMATION**

總店

㉔ 台北市萬華區廣州街
245 號

☎ （02）2336-6887

🕐 16：00 ～ 24：00

其他分店資訊

西園店

㉔ 台北市萬華區西園路一段
194 號

☎ （02）2336-1129

🕐 10：00 ～ 23：30

兩喜號魷魚焿
官方網頁

兩喜號魷魚焿
Facebook
粉絲專頁

STORE. 09

北部 NORTHERN TAIWAN

HSINCHU 新竹

老鍋休閒農莊

九降風下成長茁壯的新竹老鍋米粉

撰文 孫峻德　　攝影 吳孟霖

創始年分

· 1858 年
  郭家祖先自福建來台，引進米粉作法，從事米粉產業

· 1999 年
  創立老鍋休閒農莊

傳承秘訣 結合傳統、突破、溝通

特色 純米米粉

人氣招牌 純米米粉、沖泡式米粉

重要事蹟

獲得 2018 台灣 OTOP 產品設計獎

⊕ 獨特條件形成的新竹米粉

依山傍海的新竹，是一片由頭前溪、客雅溪及鳳山溪所共同沖積形成的沖積平原，東南方背倚著狹長的雪山山脈，南北方則緣接著丘陵及台地，向台灣海峽形成一道喇叭狀的開口。每到秋冬時分，東北季風便向著面朝海峽的開口長驅直入，由於所狹帶的水氣已沉降在北部一帶，因此灌入新竹的風勢強勁，卻也乾燥，形成新竹地區特有的「九降風」。強勁的九降風，或許造成了當地居民通勤與生活上的不便，但伴隨著乾燥的特性，卻也孕育諸多適合曝曬風乾的食品產業，造就今天聞名全台的「新竹米粉」。

位於新竹十七公里海岸線最南端，西濱快速道路一旁的「老鍋休閒農莊」，起源自一百五十多年前福建惠安的先輩郭泉，到了今天已是第七代。早期閩浙一帶的居民便有製作米粉的傳統，在郭泉跟隨父親遷徙來台之後，來到了新竹大南勢一帶務農種稻，也善用新竹秋冬風強乾燥，適合風乾米粉的氣候特性，在閒暇時刻拾起了這項福建家鄉的老手藝。製作出來的米粉，廣受當時民眾的歡迎，少量的米粉便可換得較多的白米，成了一份農忙之餘的重要副業。

⊕ 從傳統到轉變

家業傳承到了郭家第五代，郭煒在客雅溪畔創立了「南興米粉」，引入了工業化的生產設備來做更大規模的米粉生產，產品也鋪貨至新竹的各大名產店鋪。這個時期新竹的米粉產業已然百花齊放，一直延續到第六代的郭淵源，試著突破、創新，開始進行更多元的嘗試。在觀光工廠、手作 DIY 的風潮尚未盛行的 1999 年，郭淵源便在香山一帶創立「老鍋休閒農莊」，試著摸索出不一樣的經營之路。

照片提供／老鍋休閒農莊

身為祖傳七代的米粉世家，目前由次子郭又豪接棒，米粉的本業當然也持續地精進。媳婦王怡懿聊到現代米粉的製作過程，一共有十九道工序，從選用雲嘉地區耕種的在來米，到磨米、揉團、壓絲、炊蒸，再到後續的披架、整型、風乾等工序，其中大部分都已由機器自動化執行。為了增進米粉「細緻而不黏糊」的口感，引進醫藥級冷磨機磨成細末，使米粉的原料製備能更加均勻。傳統風乾製程產出的米粉體，必須要再烹煮後才能食用，為因應現代快速的生活步調，產品規劃上也研發沖泡即食的沖泡式米粉，配合沖泡米粉立即拆包、沖泡的飲食習慣，該米粉體必須重視衛生，工廠也引入室內烘乾機，以避免摻雜室外風乾帶來的雜質。

照片提供 / 老鍋休閒農莊

　　一代代傳承下來，每一代都有各自的堅持與突破，也在世代交替之間不斷地溝通，在求同存異之下持續前行。王怡懿提到當時在推出沖泡式的米粉產品之後，許多顧客都建議添加防腐劑，以延長原先僅有九個月的保存期限。然而家族長輩的一貫堅持，就是儘量保持原料的天然性質，堅持不添加防腐劑。而在產品的定位，第五代的「南興米粉」主打由在來米及玉米粉調和製成的調和米粉，口感較Q，價格也有一定的優勢；第六代起家的「老鍋米粉」則搭上養生健康飲食的風潮，主打使用純米製成的純米米粉，未添加玉米粉的純米米粉，較好消化，也符合許多現代養生追求原味的期望。

⊕ 愈在地愈國際

　　除了產品的創新以外，經營策略逐漸加入不同的元素。有感於歐美、日韓料理引入台灣，傳統米粉逐漸走向式微，郭淵源就在二十年前思考著如何能永續經營，也在摸索之中逐漸體會到「米粉的故事」本身就是最好的題材。他在 1999 年成立的「老鍋休閒農莊」內設立米粉博物館，保存並展示著早期的石磨、爐灶及米粉車等等米粉生產用的器具，並規劃米粉手作 DIY 的課程，讓學員參與米粉的製作過程，從動手做之中親自感受老祖宗的智慧與辛勞。

現在當家的第七代，接棒至今已將近六年的時間。第七代的王怡懿接下米粉產業的推廣使命，仍然不斷地推陳出新，推廣家傳米粉產業。米粉博物館從原先設計成接待學校團體、校外教學的性質，逐漸轉成面對小家庭的親子互動及散客為主，現在也漸漸從例假日的客群來源見到成效。產品的研發上，也針對即時沖泡的產品，從早期僅有肉燥與素食的口味，研發出更多樣的產品，並開發米粉酥、米粉蝦餅等零食產品，迎合年輕一代方便、簡單的飲食風格。而在網路購物崛起的今天，第七代也從無到有精心打造網路銷售平台，透過網路無遠弗屆的力量，將農莊及其產品的新世代形象傳播到世界的每個角落，產品至今也已成功外銷到歐美、星馬、澳洲等地。

從一百五十年前的篳路藍縷到今天的「老鍋休閒農莊」，休閒、教育及飲食等面向持續地經營及累積，即使在疫情期間，網路銷售不減反增，也適度彌補觀光上的損失。未來的「老鍋休閒農莊」，產品開發上仍然不會自我設限，也希望能在各大城市、高速公路休息站等地拓展更多實體門市，讓更多人能嘗到這份來自新竹九降風的好口味。

• **STORE INFORMATION**

地 新竹市香山區西濱路六段 569 號

電 (03) 537-3075

時 08：30 ～ 17：00（週三公休）

老鍋休閒農莊 官方網頁　　老鍋休閒農莊 Facebook 粉絲專頁

STORE. 10

北部 NORTHERN TAIWAN

隆源餅行

HSINCHI 新竹

客家糕餅，傳香
百年的好滋味

照片提供／隆源餅行

撰文／攝影　谷君

創立年分	1871 年
傳承秘訣	完整記錄前人心血
特色	堅持品質與客家文化，挑戰創新
人氣招牌	古早味番薯餅
重要事蹟	獲得食品評鑑金牌獎

　　提到月餅，你會想到什麼口味？或者，你最愛吃的是哪一家店的月餅？筆者最愛吃的是最傳統、最古早味的蕃薯跟芋頭月餅。筆者要帶你認識一家開業超過一個世紀的餅店，它是新竹縣北埔鄉的「隆源餅行」。

　　走進「隆源餅行」南興店，目光被第三代掌門人張宗文先生的巨幅肖像所吸引，店內以鮮橘色的漆作為牆面的主色調，還有新穎、俐落的產品展示櫃，窗明几淨及明亮的燈罩及吊扇，如此年輕又時尚的風格，實在讓人難以想像這是一家超過四個世代、經營將近一百五十年的餅店。

✥ 起源與傳承

　　「隆源餅行」起源於西元 1871 年，由第一代祖先張石溪夫婦，以開設雜貨店及肩挑蕃薯餅沿街叫賣的方式開始經營。接著由第二代張新河接手，以店面的方式經營，產品品項增加了客家餅、壽桃、蛋糕、麵包及日常用品等。到了光復初期，則由第三代張宗文接手，仍以雜貨店方式經營，此時的品項又更多元了，而當時的蕃薯餅只有中秋節才會販售，於民國 70 幾年，增加了製餅的烘烤設備，改善生產流程及人力不足的問題。接著傳到了現今的第四代，由張承均及張育憲兄弟接手。六年級生的第四代積極研發新口味，與在地椪柑產農合作，製作椪柑餅、椪柑醬等。店內銷售一極棒的客家鹹、甜年糕，源自於邱如君的婆婆手做的好味道，兄弟倆將其規格化、商品化的做量產。

✥ 堅持品質

　　第四代的媳婦邱如君對夫家餅店的歷史，以及生產流程瞭若指掌，對自家產品如數家珍，本身對餅店的產品開發及經營也非常有興趣，並積極地參與。她說公公堅持一個經營理念，即「做出來的東西要自己敢吃才能賣人」，尤其注重食安的問題，店內的產品一律用無香料、無防腐劑、最天然的材料所製成，用油用料也絕不馬虎，賞味期限大致為一至兩週，讓消費者吃的安心。以最暢銷的蕃薯月餅為例，使用台農 57 號蕃薯，堅持傳統手工包餡，餅皮則由機器製成，皮薄餡多。另外，為符合現代人追求健康的風潮，在不改變風味的情況下，將餅類的甜度降低，深受顧客喜愛。顧客向老闆反饋，餅店的產品配方很單純，吃了對身體沒有多餘的負擔，讓傳統的老味道變身熱銷的新產品。

✥ 年糕的誕生

　　邱如君說，經過這麼多年的累積，隆源餅行糕餅在當地算是領頭的品牌，而她一直思考什麼是餅行的核心價值？也一直思索轉型的問題。站在第一線的她，從觀察顧客的消費行為與需求開始做出改變。她說北埔是客家莊，有很多有特色

的產業與人文素材。一天，門市顧客吃到非主力的產品「鹹年糕」以後，感動地告訴她這是他阿嬤過世以後再也吃不到的味道！當下引發她的商業敏銳度，腦筋一轉，覺得這個沒被重視的產品可以好好開發。

　　她與家人討論，得到家人全力的支持。她說餅行的商品品質能維持的這麼好，多靠公公多年精實做筆記的好習慣，不論用料、用量、味道、生產 SOP 及門市銷售等等的紀錄都做得非常地詳實與紮實。好習慣運用在做年糕也是如出一轍。擬定好配方與包裝需要的真空袋後，鹹年糕在隔年過年開始上市，後來又陸續新增了蘿蔔糕及紅豆花生口味的年糕。特別介紹新產品紅豆花生年糕，是選用知名的萬丹紅豆與北港花生組合而成，吃起來 Q 彈又有脆度，咬得到滿滿的紅豆與花生，深受顧客喜愛。邱如君說不誇張，要訂他們家的年糕至少要在過年前二到三週預訂才買得到。現在年糕的知名度已不輸門市的招牌蕃薯及芋頭月餅，還吸引了海內外電視台製作專集去採訪報導呢！

✥ 餅香永留存

　　筆者在採訪過程中不時有顧客進入店內消費，現在店內商品品項多達數十種，筆者最感興趣的仍是傳統的蕃薯餅及芋頭餅，不同於以往只有中秋節期間才買得到，現在是天天都有販售。薄脆的餅皮搭配甜而不膩又天然的蕃薯及芋頭香氣，讓人食指大動。老闆娘邱如君看我垂涎欲滴的模樣，熱情地招待我試吃，還不時跟我介紹這兩樣商品的製作方式及最佳吃法，她說北埔人都喜歡吃熱熱剛出爐的餅，往往會在出爐時前來搶購，搶搭第一波「熱潮」。

　　如今的隆源餅行已著手傳承給第五代，在競爭激烈的食品店家相繼崛起的世代中，實屬難能可貴。筆者自私的希望他們（相信一定會）能將好味道永遠、一代一代的傳承下去，讓更多人享受到如此美味的好食，讓餅香味兒在北埔街上飄蕩，永不散去。

隆源餅行官方網頁　　隆源餅行 Facebook 粉絲專頁

・ **STORE INFORMATION**

 新竹縣北埔鄉中正路 16 號

🕾（03）580-2337

🕐 08：00 ～ 21：00

新復珍商行

百年傳承竹塹餅，竹塹情

照片提供 / 新復珍商行

撰文　張景賀　　攝影　吳孟霖

創立年分	1898 年
傳承秘訣	不開會，不換人、不換供應商
特色	堅持黑毛豬製作的餅皮，內餡真材實料
人氣招牌	竹塹餅

重要事蹟

· 民國 99 年 5 月

第四代掌門人吳紘一，終於購入過去無法取得朝北門街面向中山路的十六坪店面，得以呈現現在三面向路的正三角窗。寬廣氣派的店面，成為新竹市的地標之一，也是堪告慰祖先之舉。

· 民國 109 年

新冠肺炎肆虐，公司業績大受影響，更在110 年 5 月中旬出現新復珍百年以來的第一次「紅字」出現，接連虧損了三個月，8 月份起生意才日漸起色。

照片提供 / 新復珍商行

約訪的當天，2020 年 7 月中旬，一個週六高溫炎熱午後，炙熱的太陽，看著一批遊客撐著洋傘，快步從新竹城隍廟跨過東門街，鑽進「新復珍」漢餅店，避陽、吹冷氣，買新竹必帶的伴手禮。

✤ 百年老店——新復珍漢餅專家

站在新復珍餅店門外，古色古香的拱門與窗飾設計，配上後方透明玻璃，門市內的景色一覽無遺，架上竹塹餅的透明包裝，站在門口彷彿就可以看透糕皮餅內部的真材實料。

這天門市的生意熱絡，看來疫情過後的報復性旅遊買氣，對店家頗有幫助。告知門市店員來意，要來採訪，便被引領到後方的辦公室，吳紘一早已準備一盤糕點，泡茶等候，好客有禮。

✤ 百年老店遇上百年罕見疫情

初見新復珍第四代經營者吳紘一，他就像是桌上那盤漢餅糕點一樣，質樸外表下，包著滿滿的熱情與真材實料。詢問吳紘一，百年老店遇到百年罕見的疫情有何影響？吳紘一苦笑：「上半年，來新竹玩的遊客少很多，業績很差。好不容易疫情減緩，買氣稍稍回來，偏偏又碰上對面施工，動線不好，多少影響買氣。這半年來，每到發薪水的日子，我就特別緊張。」

✤ 跨越三世紀的百年風華

1898 年，由吳張煥在新竹城隍廟旁擺賣肉粽，利用做肉粽的紅蔥餡料、豬油，佐以冬瓜蜜糖等，做成外皮酥脆，香中帶甜，爽口不膩的肉餅，受到進香客的喜愛。靠著多年的胼手胝足與努力，成立「新復珍商行」。

吳紘一說：「新復珍，與宋美齡同年出生。」簡單一句話，帶出傳承了三個世紀，一百二十多年的歲月與歷史地位。

新復珍商行，經歷清末、日治、台灣光復，一路迄今。回顧新復珍整個發展時期，最鼎盛時期，可說是日治時代到光復初期，那時除了糕餅本業非常好，也引進食品罐頭批發零售，更取得日本森永、明治等製菓株式會社的代理權，多角化經營，盛極一時。吳紘一說：「當時叔父輩們在經營，我在看他們，就像在看天上的太陽一樣！」

辦公室的一角，有一個低調又吸引人目光的老舊鐵櫃。這個老櫃子肯定充滿了歷史故事，央求吳紘一打開與我們分享關

照片提供 / 新復珍商行

於那段珍貴的歷史記憶。旋轉密碼鎖，打開厚達十多公分的第一扇鐵門，映入眼簾的又是一扇墨綠色鐵門，上方寫著「合資會社新復珍商行」。再插入一把老鑰匙，開啟第二道鐵門。打開後，是一個留有斑駁使用痕跡又保存完好的木櫃。如此做工精細又完存近百年的老鐵櫃，蘊含三個世紀，是時代風華的最佳見證。

✥ 百年老店曾一度瀕臨收攤

創業維艱，守成不易。隨著時代巨輪快速推進與行業更迭，民國 7、80 年，當時城隍廟周圍的麵包糕餅店林立，各展特色，當時的新復珍商行則相對老舊破落。在民國 80 年初，「新復珍」因為生意不如以往，家族無人有意經營，曾經一度被家族討論要收掉糕餅本業。

吳紘一的父親，是家族那一代的第三房，早年經營新西藥房，生意做得有聲有色，與家族餅鋪生意，幾乎沒有任何關係。吳紘一延續父親西藥房的生意，年輕時在台北經營西藥經銷生意，一路順風順水。原本規劃早早退休遊山玩水，但終究不捨家族情感、百年老店的興衰，在五十二歲那年回到新竹，接手當時因產權複雜且經營沒落的新復珍商行。

回顧剛來接收時，外人皆以為現在新復珍總店及上方電影院、整棟大樓都是新復珍餅店的。經早年多角化經營、家族幾代繼承分配，大部分早已走向公司化。

談及這些，吳紘一心平氣和地說：「當時我回來接手時，新復珍餅店的資產幾乎等於零，沒有像外人想像的那麼好。」

沒有退休命的吳紘一，退去西藥經銷商的襯衫，換上糕點師傅白色烘焙制服，「那時擀餅皮，頭幾天擀個幾百張，手就酸了。曾經為了趕製訂單，我一天擀了八千張餅皮，把自己練成像機器一樣，動作沒停下來過。」那些年，他幾乎埋頭於製餅工廠，所有的時間都在向老師傅學習各種製餅工藝。

⊕ 「老」是品牌本質

談起新復珍品牌本質，吳紘一說：「我們本來就是老。老是我們的特色，是底蘊，是優勢。」在他接收新復珍不久後，他將這個老品牌的本質發揮，融入門店經營與產品開發上。

他重新改裝門店，以古色古香的元素作為特色；堅持門店及產品包裝要透明，不需過度華麗包裝，要讓消費者能一眼就能看得見真材實料；將自家傳承四代，一路堅持採用黑毛豬製作的糕皮餅，不添加防腐劑的品質保證，定名為「竹塹餅」，大力推廣「老」的特色，輔以引入現代化賣場的經營方式，重新擦亮「新復珍」這塊招牌。如今新復珍、竹塹餅，這兩者可說劃上等號，成為外地遊客到新竹必帶的伴手禮。

講到這段過往，原本聲音宏亮的吳紘一，轉頭對著老鐵櫃上面，看著第一代吳張煥的黑白照片感性地說：「阿祖啊，阿孫的厚（讓）新復珍多活二十五歲囉，我系金股力咧打拚（我是真的很努力在打拚）。」

⊕ 在地經營，名揚海外

為人低調吳紘一，在門店擴展上是穩扎穩打，沒有躁進地擴張展店，也不追求華麗的促銷活動。除了總店外，幾家門市展店於新竹地區周圍，忠實服務著認識竹塹餅這塊招牌的老客戶。沒有經營海外的新復珍，名聲也傳到兩岸三地。2012 年獲選大中華地區中華糕餅優秀品牌 100 強，讓吳紘一相當自豪，在台灣以外沒有任何一間門店，能夠揚名海外，獲這樣的殊榮，是對新復珍非常大的肯定。

✛ 「三不」經營心法

談到新復珍老店的經營心法，吳紘一說：「我有一套三不政策，不開會、不換人、不換供應商。」吳紘一不喜歡把人叫到辦公室吹冷氣開會。哪裡有問題，他就走到現場，與糕餅師傅、門市人員一起解決；每一個員工，不論好壞，他都是留人亦留心，不開除員工，給員工穩定的生活與努力打拚的環境；很多供應商都是上一代留下來的，吳紘一堅持食材品質外，也講求與供應商互利共生，「這些供應商已經是這個老品牌的一部分了。」

經營百年老店，有所堅持也有彈性。例如：因為對食材的堅持，過去只有在端午節才製作少量應景的肉粽，只有老客戶才會知道。吳紘一說：「我阿祖一開始是從城隍廟賣肉粽的，我們只是重新再拿出來做而已。」

幾年前，新復珍的肉粽，獲得蘋果日報公開評選為第一名的台灣粽。既然得到第一名，竟沒有大力宣傳當成主銷售產品？

吳紘一說：「粽子屬於節慶應景食物，我們堅持食材，定價相對高。而且粽子一次製作要很大量，幾經考慮，還是服務老客戶就好。」

這幾年，新復珍也推出過各種新式糕點產品，例如：水蒸蛋糕、抹茶紅豆Q心酥等，具有創新又融合流行的口味嘗試。這些都是吳紘一給年輕一代發揮的空間。談到接班，吳紘一說：「世代之間還是有代溝。」他樂見年輕一代以創意為老品牌賦予新元素，也期許他們能用心體會老品牌的本質與堅持。

吳紘一說：「要謹記竹塹餅才是家底。」一句簡單的話，「家底」兩字，包含了吳紘一回家接班二十五年的最深刻體會，以及一塊小小「竹塹餅」傳承百年的家族、員工、供應商、在地文化的情感。吳紘一再度望向老鐵櫃上的黑白照片，「阿祖啊，希望咱的子孫，繼續給新復珍這塊招牌顧厚好哩（顧好）。」

• STORE INFORMATION

🏠 新竹市北區北門街 6 號（城隍廟邊）

📞 (03) 522-2205

🕐 08：00 ～ 22：30

新復珍商行
官方網頁

新復珍商行
Facebook
粉絲專頁

STORE. 12

北部 NORTHERN TAIWAN

苗栗 MIAOLI

福堂餅行

傳遞溫情與喜氣
的傳統大餅

照片提供 / 福堂餅行

撰文 陳仁真　　攝影 陳仁真、吳孟霖

創立年分

1899 年

傳承秘訣

堅持品質，持續創新

特色

手工製作，同時滿足長輩與年輕人的多樣口味

人氣招牌

古早肉餅、肚仔餅、黃金酥餅

重要事蹟

古早肉餅曾獲選為白沙屯媽祖繞境指定乾糧

走進位於苗栗通霄鎮中心的福堂餅行，烤餅的溫暖香氣撲面而來，只見古早肉餅、紅豆麻糬、芝麻蛋黃等二十餘種大餅陳列架上，桌上則豪氣地擺滿試吃盤，讓就算是剛吃飽的人都禁不住拿一塊嘗鮮。不同於西式餅店的小巧精美，這裡處處展現了台灣鄉下特有的大方溫情。

無論是在以前或現在，大餅都是婚嫁時必備的喜禮，圓圓的大餅象徵著團圓美滿，傳遞著新人的喜悅。即便是在西式喜餅廣受歡迎的今日，福堂餅行的訂單也是持續不斷，生意好的時候，一天得做上一千多個餅；而即使不是特別日子，也有許多老人家會買來當成零嘴吃，藉以回味往日生活。

店內的招牌古早肉餅採用台灣黑豬肉的豬油、冬瓜餡、油蔥酥及芝麻製作而成，搭配第一代傳承下來的香料祕方，讓它曾被指定為白沙屯媽祖繞境時的乾糧，也是許多長輩愛不釋口的味道。除了各種口味的大餅之外，店內也有許多適合平時送禮自用的伴手禮餅，例如：苗栗特有的「肚仔餅」和網路人氣團購的黃金酥餅，就是許多年輕人的必買項目。

✦ 化解傳承困境，以福堂之名重生

承接百年餅業的第四代是三兄弟，大哥陳鵬鴻和二哥陳冠儒負責做餅，小哥陳彥勳則負責店面經營和行銷。對於百年老店這個稱號，陳彥勳只是一笑置之，他坦承餅行在過去曾經遭遇數次斷層危機，店名也換過，但唯獨不變的，是第一代流傳下來的古早肉餅配方和做餅的那份熱情。

西元 1899 年，第一代陳汝興在苗栗銅鑼創立「廣福香餅行」並開發招牌古早肉餅，而第二代陳清福承接父業之後，靠著做餅的天分和客家人勤儉認真的態度，讓餅行擴展出三間分店，生意一度好到大家族中有一半的人數都在餅店幫忙，收入足以支撐家族中所有孩童的學費。然而，1960 年代西餅衝擊傳統餅業、家族兄弟紛爭、消費者口味和習慣改變等因素，使得原來的店面經營不利，全數倒閉。

當時，自小在店內學習做餅的第三代接班人陳正雄，因為交友不慎而遭逐出家門，卻因此成了餅行得以延續的契機。少了傳承包袱的陳正雄與妻子以「福堂」之名開業，循著記憶將古早肉餅重現於市，也開發其他西點，成功在通霄打出名聲。面對這段一般人不願對外宣揚的過去，陳彥勳卻毫不避諱，笑著將父親的豐功偉業如數家珍地攤出來，大方豁達的態度就同餅店給人的感覺。

✛ 穩固品質，持續創新

　　或許就是這豁達的心態，讓福堂餅行能不拘泥於傳統，持續在產品上推陳出新，找出能符合現代消費者訴求的方案。與此同時，堅持品質則是唯一不變的原則，也因此，大哥和二哥仍然每天進場做餅，從採買材料、做餅、烘烤到包裝都親自參與。

　　如今，福堂餅行已擴展成三十多人的團隊，在苗栗共有四間店，除了是行經苗栗必訪的伴手禮店，也是在地的借問站。只要問起附近有哪些好吃好玩的景點，店內人員就會熱情地指路，還會分享個人評價。下次行經苗栗，不妨在此喝杯茶、吃點餅，然後帶著滿滿的溫情繼續旅程。

• **STORE INFORMATION**

地 苗栗縣通霄鎮信義路 151 號（通霄旗艦店）

電 (03) 775-2266

時 08：00 ～ 19：00

福堂餅行
官方網頁

福堂餅行
Facebook
粉絲專頁

其他分店資訊

三義店

📍 苗栗縣三義鄉勝興
村水美街 398 號

📞 (03) 787-7540

頭份店

📍 苗栗縣頭份市中正
二路 166 號

📞 (03) 769-1030

西湖店（國道三號西湖服務區南下二樓專櫃）

📍 西湖鄉湖東村 8 鄰埔頂 29 號

📞 (03) 792-3549

撰文
陳君惠

攝影
陳君惠
黃昭盛

大稻埕漫遊

舊時光融合新創意，再現大稻埕風華

提起大稻埕，首先想到的可能是以霞海城隍廟為圓心散射出去的街廓，但如果僅僅是拜訪這街區，就大大錯失許多充滿迷人故事了。

大稻埕得名於早期此處一大片的曬穀廣場，因此不少糧食相關店家及茶行在此興起。並經過日本及清朝的建設開發，經濟及社會結合外來文化，形成大稻埕獨特的魅力。

我們這次要從台北橋這頭開始旅程，漫步跨越時空的大稻埕。

✥ 充滿在地生活氣息的北街

由台北橋這頭踏入迪化街，首先可以看到「十連棟」建築保留百年街屋的二樓立面，後方才是新建的高樓，充分平衡在地人現在生活的需求與街屋保存。街屋部分除了定期有展覽外，也可以預約抓周儀式。

繼續往涼州街方向走，空氣中兩種截然不同，但同樣令人垂涎三尺的香味襲來；轉角仿巴洛克式洋樓裡，一邊是江記華龍肉紙的濃郁肉香味，一邊則是李亭香糕點的甜香。

身為百年老店的李亭香店名源自「李家人在亭仔腳下做餅飄香」，不只延續糕餅香氣，明亮店鋪裡烏龜形狀的糕餅，名曰「平安龜」或是「金錢龜」，無論哪個都精巧可愛又好吃，至於為何名稱不同，就等你現場探訪。

繼續往前走可以探訪製香鋪、燈籠行、農具行，以及目前北市唯一僅存且尚在營運的碾米行「新慶利碾米廠」。碾米廠外觀是傳統閩式建築，裡面設有高達兩層樓的碾米機器，從大稻埕繁華的當年持續運轉至今。這些店家在現代講求快速的生活中，依然提供一個優雅而充滿人情味的選項。

散步許久，肚子餓了也可以到「稻舍食館」，返鄉的第五代重現家族碾米事業的食堂，除了主打在地食材的好味道外，百年紅磚洋樓更是值得一訪，店內除了保存完整的三進式街屋建築外，也保留了二樓上方閣樓，以及傳統用於堆放雜物的半樓仔建築形式。

吃飽喝足想要動一動，也可以前往「double8 岩究所」，老屋中結合攀岩與月老姻緣線，無論有伴與否都值得體驗。如果覺得太過刺激，也可以拜訪「迪化 207 博物館」，其為北市首座私人博物館，更開創私人認養古蹟的首例，不定期展出在地人文相關展覽，四層樓的仿巴洛克街屋，含有大量珍貴的磨石子技藝，以及難得能由高處大展望稻埕街區的頂樓，光是建築就充滿了故事。

✢ 中街──大稻埕店鋪起源

有些人把大稻埕從民生西路到歸綏街這段稱作中街。如果時間剛好，請務必前往大稻埕碼頭享受夕陽灑落淡水河的美景，晚霞映著河面的燦亮搭配城市剛亮起的燈光，迎著河岸吹來的風，正好讓旅人歇歇腳。

大稻埕從清朝便是貿易興盛，街區首座店鋪便位於此；現址為迪化街156 號，三進兩庭的木造閩南街屋，整新後依然保有傳統樣貌，木造門面完全是用卡榫造就，窗戶更是由一片片木板組成，開店時需一片片拆下以開啟窗戶；關店後，則由閣樓的小窗戶確認來者後，利用繩索吊下顧客購買的物品，同時兼顧安全與貿易需求。由大門再往街外看，廊下與屋簷平行的渾圓橫木，則是當年用來吊掛布幕招牌使用。現在鄰店之間連接的長廊，擺滿各式乾貨，依然可見南北貨貿易的樣貌。

⊕ 貨品齊聚的輝煌南街

南街保存良好的街屋，與北街不同的是，此處街屋滿了山牆、立柱、拱心石及各種繁複的立面裝飾。從現代主義風格到華麗的仿巴洛克式洋樓，南街的建築華麗而顯見商業氣息；許多食品與紡織業起家厝皆位於此。其中新東陽不只在此起家，更在此成立品牌第一家新型複合式店面「新東陽迪化 100」，除了購買產品及 DIY 體驗外，充滿歐風的天井及花形吊燈都相當值得參觀。

繼續往南京西路方向前進，一定不能錯過知名的霞海城隍廟，小小的廟埕信徒總是滿載。百年的廟宇中供奉城隍爺、城隍夫人、月下老人等神祇，但最為人所知的月老，相傳最初是當地人家因為擔心兒子的姻緣，求了城隍爺，後來果然獲得好姻緣；這個消息傳開後，信眾大增，當地人擔心城隍爺太忙，因而請來了月下老人，分擔姻緣業務。據廟方資料每年大約促成六千多對佳偶。參拜流程相當有制度，會有志工帶著你完成，讓你在求姻緣的開始就感受到滿滿的祝福。

廟旁即是「永樂市場」多元的布料，以及縫紉用品，相當值得挖寶。位於永樂市場一樓的「顏記杏仁露」，簡單的品項，杏仁露搭配黑糖碎冰，是傳承百年的香甜。隨著季節變化，冬天時增加甜湯選項，熱的杏仁露搭配油條或酥餅則是老闆娘推薦的正宗吃法。如果想要吃鹹的，不遠處的「民樂旗魚米粉」或是土魠魚羹等老字號美食也值得一訪。

更別錯過轉角「屈臣氏大藥房」，百年的石造立面外牆，從 1917 年獨家取得在台代理權，比現在廣為人知的連鎖藥妝店鋪更早近七十年，近年已不再販賣藥品，但老屋裡飽含新世代的創意，林立的咖啡店，藝術團隊都讓老屋充滿活力。

⊕ 新與舊的融合

民國之後隨著商業區塊的轉移，大稻埕一度沒落；但在地方及文化界努力下，許多現代特色小店與老時光店鋪一同佇立街區。老屋新生、百年老店、創意小店、傳統技藝、新興創新，夾雜著新與舊，融合傳統與創新，大稻埕的魅力無窮。

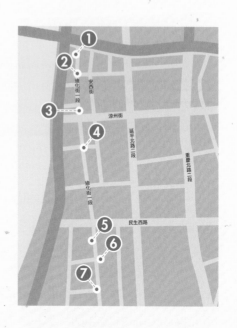

一條路線
多個願望

　　沿著迪化街，一路享受點心與建築，並可同時採買生活用品或美味調料。同時滿足味蕾與心靈的散步路線。建議傍晚出發，順道前往大稻埕碼頭，欣賞淡水河日落。擁有自然美景的同時，也體驗大稻埕繁忙人潮外，新舊交錯的特殊風情。

順遊路線　① 十連棟 ➡ ② 李亭香 ➡ ③ 新慶利碾米廠 ➡ ④ 迪化 207 博物館 ➡ ⑤ 新東陽迪化 100 ➡ ⑥ 霞海城隍廟 ➡ ⑦ 屈臣氏大藥房

ATTRACTION
01

ATTRACTION
02

ATTRACTION
03

十連棟
◎ 台北市大同區迪化街一段
　362 號
◎ 11：00 ～ 21：00

李亭香
◎ 台北市大同區迪化街一段
　309 號
◎ 10：00 ～ 19：00

新慶利碾米廠
◎ 台北市大同區迪化街一段
　257 號
◎ 08：30 ～ 18：00（週日公休）

ATTRACTION
04

迪化 207 博物館

📍 台北市大同區迪化街一段 207 號

🕙 10：00 ～ 17：00（平日，週二公休）、10：00 ～ 17：30（週末）

ATTRACTION
05

ATTRACTION
06

ATTRACTION
07

新東陽迪化 100

📍 台北市大同區迪化街一段
100 號

🕙 10：00 ～ 19：00

霞海城隍廟

📍 台北市大同區迪化街一段
61 號

🕙 07：00 ～ 19：00

屈臣氏大藥房

📍 台北市大同區迪化街一段
34 號

🕙 09：30 ～ 19：00

約會好選項

　　除了為人熟知的大稻埕風情，這條路線提供了約會的完整行程，有吃、有玩、有保佑！單身的人跟哥們、閨蜜一起約起來，也是一個假日好選項。

順遊路線

① 稻舍食館 ➡ ② double8 岩究所 ➡ ③ 新東陽迪化 100 ➡
④ 霞海城隍廟 ➡ ⑤ 永樂市場

稻舍食館

 台北市大同區迪化街一段
329 號

 12：00 ～ 15：00、
17：30 ～ 21：00

double8 岩究所

台北市大同區迪化街一段
251 號

13：30 ～ 22：00（平日）、
10：00 ～ 18：30（週末）

新東陽迪化 100

 台北市大同區迪化街一段
100 號

10：00 ～ 19：00

霞海城隍廟

台北市大同區迪化街一段
61 號

07：00 ～ 19：00

永樂市場

 台北市大同區迪化街一段
21 號

10：00 ～ 18：00（週日公休）

Keelung
Taipei
Taoyuan
New Taipei
Hsinchu
Hsinchu
County
Yilan
Miaoli
Taichung
Changhua
Nantou
Hualien
Yunlin
Chiayi
Chiayi County
Tainan
Kaohsiung
Taitung
Pingtung

中
部

CENTRAL
TAIWAN

—

CHAPTER 2

STORE. 01

中部 CENTRAL TAIWAN

TAICHUNG 台中

林金生香

生活記憶藏在糕餅裡，與時俱進的傳統之道

撰文／攝影　曾令懷

創立年分

1866 年

傳承秘訣

經驗與信任

特色

堅守百年美味，找回生活記憶

人氣招牌

狀元糕

重要事蹟

麻芛糕餅

走在萬和路上，兩旁不時出現頗具年代的老店，畢竟萬和路可是連接豐原、彰化之間的台中第一街，所有民生物資的運輸必定會經過這裡；而從 1866 年開始已經超過百年的老餅店林金生香也坐落於此，在一年中的大小時節，為南屯區的人們提供上好的糕餅。

　　「其實『林金生香』這個名字也不過十年左右而已，之前一直是被叫做『麵龜阿塗』。」第五代傳人林宜勳的先生林玉凡笑著說，「麵龜阿塗」之名來自第二代，可謂歷史悠久，所以換名字這件事情讓當地人糊塗了好一陣子，因為在那個「工作即生活、顧客即朋友」的年代，並沒有什麼太複雜的「品牌經營」概念，只是很單純地靠著節日習俗過活，而糕餅正扮演著記錄這些節日的角色，所以對顧客來說只要認得餅店就好，這是讓顧客們對林金生香產生莫大信任的原因，也是能夠傳承到第五代的關鍵。

　　第五代的姐弟林宜勳、林宗翰倆從小就幫忙著家裡的生意，因此熟知餅店處理過年過節時的所有事務，長大後都會自動回到家裡幫忙，家人們也從沒有要求或問過；而本是花蓮人的林玉凡在念書時與林宜勳相戀，也就這麼跟著每週末往返高雄台中幫忙餅店生意。因為是從小到大的生活習慣，所以他們接手後，並沒有花多少時間就讓餅店順利運作，也讓百年老店招牌和那份信任感得以延續。

　　不過，僅僅靠過往的經驗與信任，難以招架快速變化的當代社會；林玉凡等人接手後，除了名稱以外還做了不少變化，例如：包裝、設計、行銷，以及研香所的出現。「我們常常被問：南屯老街在哪裡？」林玉凡說，現代的雙薪工商社會，人們愈來愈少依靠糕餅記錄生活，連帶地對老街的想像停留在某種既定模式，而研香所要扮演的，正是提供大家找回「生活記憶」的一個場所：以下午茶的形式讓大家重新品嘗糕餅的滋味。

　　第四代的媳婦陳富美，正是帶起這個轉變契機的關鍵人物。中部過去盛產麻芛，麻芛湯對那個年代的人們來說可說是家常菜餚，不過隨著社會產業變化，麻芛是愈來愈少見，連帶的麻芛似乎已不為年輕一輩的人所知，於是陳富美決定把麻芛加入到糕餅裡面，除了把那個年代的共同記憶找回來，更要讓年輕人認識麻芛；吃下麻芛的第一口雖然苦，卻會在吞嚥後回甘，「這就是麻芛原本的味道，配上無糖的茶才能吃出來的。」林玉凡說，林金生香就是要讓大家知道糕餅的原味，他也形容麻芛就是「台灣人的抹茶」。

　　不同於自動化、規模化的生產路線，林金生香反而走向精緻化、與時俱進的經營。對林玉凡來說，林金生香雖然幾經變化，但能繼續走下去的關鍵就在於仍維持了過去的傳統，「自動化固然快速，但在做餅方面仍有限制，例如：自動化只能做出十二兩的餅，卻做不出一斤的。」雖然傳統習俗式微，但是林金生香仍維持著傳統的製餅技術製作，並且希望透過新穎的方式，讓大家重新找回對傳統糕餅，還有對生活的記憶。

• STORE INFORMATION

🏠 台中市南屯區萬和路一段 59 號

📞（04）2389-9857

🕐 08：30 ～ 19：00（週三公休）

林金生香
官方網頁

林金生香
Facebook
粉絲專頁

STORE. 02

中部 CENTRAL TAIWAN

台中 TAICHUNG

大越老醋

有意釀酒卻成醋，
傳香百年目鏡醋

撰文 連一潔　　攝影 徐于軒

創立年分

1905 年

傳承秘訣

因循傳統，結合時下潮流

特色

五香醋、梅子醋

人氣招牌

五香醋

重要事蹟

引進半自動化機械，讓複雜的過程變簡單

照片提供／大越老醋

　　廖上凱，大越老醋第四代負責人，東海大學食品科學系畢業，為了傳承老店經驗，畢業後便回家承接家業，結合自己所學及家族的傳承經驗，讓我們看到不一樣的老醋新瓶。

　　在台中，大越老醋又常被稱為目鏡醋，這是由於產品最早開始在瓶身設計商標為一對龍的眼睛，中文又稱龍眼醋，由於造型就像是一副眼鏡，故又被稱為目鏡醋，「目鏡」就是台語發音的眼鏡。

　　「大越老醋」這名字源自第一代老闆何文盛，取自越王勾踐臥薪嚐膽的故事，內含不畏艱辛的意思。而大越老醋的前身是一間柑仔店（台語的雜貨店），早期台灣物資缺乏，日據時代的米酒很貴且政府管制私人擁有，何文盛打算私釀酒卻發現這批酒都酸掉，當時住在隔壁的一位日本鄰居知道這件事情，因緣際會推薦何文盛他在書中學到醋的做法，最終製作出現在有名的「五香醋」。

　　廖上凱的阿公是一位味覺特別敏銳的吃貨，在外用餐常常品嘗一次就可以知道調味好壞，因此對自家醋的品質特別敏銳。當時釀醋還是使用大灶，阿公早上五、六點就開始用大灶煮醋，煮到晚上五、六點，再放入陶缸，一路工作到晚上八、九點，就為了維持一貫的好味道。

　　後來他的爸爸廖榮中從機械科系相關畢業，運用所學知識，針對香料、中藥材等配方固定比例秤重，使用二重釜作為鍋具，以天然氣當作燃料，用蒸氣對鍋

具加熱取代傳統大灶,最後加入自動化系統。自此,機器取代勞力,但材料配方依舊不斷調整至最好。

廖上凱在專訪中提到,父親常說:「醋的好味道並不是師傅厲害,而是材料夠好!」此話中充滿著對材料配方的自信。不同種類的醋主要差異來自材料,因此造就出許多因地方特產製造的醋,例如:金門高粱醋。

大越老醋最遠近馳名的就是五香醋,採用十幾種中藥及辛香料釀製而成,包含大茴(八角)、花椒、甘草等等,還須特別注意鈉含量。他開玩笑說:「就好像你有一位非常穩定的另一半,味道對了,感覺就對了!」

大越老醋幾經轉折發展成現在的規模,最早期第一代是騎著三輪車到附近叫賣,到第二代慢慢往外拓展,如今已是中部地區最有名的醋製造商。然而,順應時代潮流,老店也跟著轉型,除了最為人所知的五香醋外,近十年也發展了梅子醋,使用在地南投信義鄉的青梅釀製,真材實料、不用香精、口感圓潤。

坊間有許多食品宣稱使用自然材料,然而廖上凱在食品加工科的經驗告訴他,自然材料絕對不會這麼香。如果香味異常濃郁,且久久不散,那可能就是添加香精。

食物是最基本的生理需要,滿足味蕾才能自我實現,大越老醋期許自己能透過真材實料,為饕客帶來幸福的滿足感。近年來,傳統手工產量已經不符合市場需求,和大型商場及物流的配合下,成本也隨之提高,如何能堅守品質與原始味道,並且達到量產的可能性,已是大越老醋未來轉型的目標。相信死忠的顧客也在等待大越老醋的新風貌。

下次,到台中旅遊時,別忘了帶一手好醋回家!

• **STORE INFORMATION**

地 台中市中區台灣大道一段 581 號

電 (04) 2222-3377

時 08:00 ～ 18:00 (週末公休)

大越老醋
Facebook 粉絲專頁

照片提供 / 大越老醋

STORE. 03

中部 CENTRAL TAIWAN

瑞成書局

台中 TAICHUNG

精釀百年書卷氣

撰文 黃冠婷　　攝影 黃冠婷、徐于軒

創立年分

1912 年

傳承秘訣

傳承、慈悲、智慧

特色

禪式風格

人氣招牌

擺渡人方案（兩杯飲料、兩張諮詢券，可選擇命理占星等諮詢，每次十五分鐘）

重要事蹟

台灣現存最老書店

⊕ 一個種子的萌芽與茁壯

2021 年第一個炎熱的天氣，筆者有幸來到瑞成書局，採訪副總經理許永奕。

一個種子的萌芽，預示著日後的茁壯，瑞成書局是全台灣最老的書店，也是全台唯一超過百年的老書店。

在一〇九年以前的台中，因為種子受制於作物生長的季節，以種子起家的書局創辦人許克綏，在沒有種子生意的空閒時間四處批書來賣。在當時皇民化運動的背景下，仍堅持保存傳統文化並販售漢文書籍。原本僅來往台中與彰化，後來發現上海等地的書更便宜且更多，加上到福州請佛經，也因此在民國 38 年後結識並拜李炳南老居士為師，進而奠定書局日後以宗教、五術、人文、心靈專賣的方向。

瑞成書局在台中火車站地區開業的百年歲月，從原本在第一市場的小攤位、轉角街廓小書鋪到現在的三層樓書店，秉持著傳承、慈悲、智慧的理念，走過四代至今，對於販賣的書籍有非常明確的定位與專業。

⊕ 擺渡人—— 搖曳著舟楫，引領失意的人

位於台中公園、雙十路與自由路口的瑞成書局，當筆者走進書店，躍入眼簾的是船與碼頭造型的展示櫃，許永奕介紹道，此布置是取擺渡人的意象，象徵書所扮演的角色為擺渡人，引渡徬徨失意的人，給予慰藉與方向。

⊕ 天、地、人：中華傳統文化思想世界的縮影

瑞成書局的書以宗教、五術、心靈、保健、人文為範圍，礙於東方宗教的經典文字艱澀、內容較無趣抽象、難吸引一般大眾。因此，瑞成書局非常用心的將三個樓層分為三個階段。

一樓為身心靈療癒、人文及保健的主題，對應三才中的「人」，達到自我探索的目的，對應在成長過程中，尋求自我認同與社會角色轉變之下的迷惘與壓力。一樓蒐羅人際關係、兩性相處、自我成長等書，也有專業的心理學、哲學、中醫藥書籍，適合年輕讀者族群。

二樓的部分以五術為主題，包含：山、醫、命、相、卜。以探討人生目的及生命意義，對應天地人中的地 —— 認識自然與所在的世界。例如：天干地支、紫微斗數、風水地理等書籍。

來到三樓，是開始接觸神佛宗教的「天」，探索宇宙生命的根本與形而上的學問，主要以佛經為主，還有許多語錄集註。

✛ 靜心：大千世界，尋一處心靈停泊

除了一至三樓的店面以外，瑞成書局也在積極規劃四樓的心靈講堂，以一個「休息站」的概念，讓來往的人短暫休息看書，或是尋求專業老師的幫助。空間內的書櫃依主題分類，可以快速取得相應的書籍。在瑞成書局找答案不限於書本，結合空間與專業，到處都可能出現解方。

設置這個空間，還有一個重要的理念 —— 靜心。現代人工作繁忙、生活步調快，接收到的大多是來自網路或電視的片段資訊，問問自己已經多久沒有靜下心來閱讀完一本書了呢？在車水馬龍的台中車站附近，別忘了有一個屬於每個人的寧靜角落 —— 來瑞成書局看看吧！

· STORE INFORMATION

🏠 台中市東區雙十路一段 4 之 33 號

☎ （04）2212-0708 #31

🕐 10：00 ～ 18：00（週日公休）

瑞成書局
官方網頁

瑞成書局
Facebook
粉絲專頁

STORE. 04

中部 CENTRAL TAIWAN

TAICHUNG 台中

茂川肉丸

米其林老店的
百年日常

照片提供 / 茂川肉丸

撰文 沈建志

創立年分

1921 年

傳承秘訣

依循古法，做好每一件事

特色

肉丸、綜合湯

人氣招牌

肉丸

重要事蹟

2020 及 2021 年皆入選《臺北臺中米其林
指南》

照片提供 / 茂川肉丸

照片提供 / 茂川肉丸

餐飲業流傳著許多的都市傳說，其中之一，就是辨認誰是米其林評審神秘客的小技巧。神秘客通常兩人一組，或者為了測試服務態度，會刻意掉把叉子在椅子下。前台一旦發現這些跡象，必須火速通知後廚，餐廳全員繃緊神經，屏息以對，並以最新鮮的食材、最出色的擺盤、最細緻的品質出餐，只求米其林神秘客青眼有加，將餐廳列入米其林那本紅色小冊子裡。

而現在，米其林餐盤推薦的慶賀紅幅，就掛在茂川肉丸的騎樓底下。但每次當人問起，第四代老闆孫葆傑總是答得害羞。因為當朋友發 LINE 祝賀茂川入選米其林餐盤推薦時，他其實仍一臉茫然。他壓根就沒想過外國那個美食榜單，跟家裡這老攤能有什麼關聯。而茂川肉丸傳承四代，老主顧眾多，本就門庭若市，他自然也不知道那些米其林神秘客什麼時候來過。

但若細數代表台中的種種美食，茂川肉丸確實還真有捨我其誰的實力。

台中第二市場，歷來都是台中美食的一級戰區。這裡原是專門服務日籍鄉紳富人的市場，後來又成了果蔬食材的批發地。那些來自全國各地，見多識廣、嘴又刁的顧客，不知淘汰多少試圖在這裡立足的店家。但孫家的肉丸店，自昭和 13 年，第一代孫顏長在這裡立業伊始，便一直屹立不搖。走進店裡，能見到牆面顯眼的掛軸，以編年的形式記錄著百年傳承。那是第三代老闆謹慎細心地整理出來的家族故事，就連昭和時期的老照片也翻出來。上面記錄的四代古法，不變傳承。與其說是向往來的食客自曝家門，不如說是手藝人店頭銘記的祖訓。

但這工序確實複雜。孫葆傑在談起肉丸備料作業時，還是忍不住嘮叨：「那個粉皮不是像外面那樣，買點在來米粉摻水混勻就好。阿祖傳下來的，就是得用在來米熬成粥，然後拌好的米漿，還得冰一晚才能用。那豬肉內餡，也都得去肥去筋。每天凌晨早起，就得磨米漿、煮醬汁。然後肉丸你還要包，包肉丸至少每天得站三小時。唉，這肉丸手工真的很複雜，若我能選，賣吃的，才不會做肉丸呢。」

即使古法繁瑣，孫葆傑還是斬釘截鐵地說：「這肉丸，作法不能變。一般外面的肉丸都是用粉漿調製的，不過我們吃起來會覺得，口感都粉粉不好吃，於是，這麼多年來也都一直堅持用稀飯做外皮。」而這點，不只是第四代的堅持，就連已是半退休的第三代老闆孫茂榮，至今仍偶爾在後場協助備料，身體力行的對這份古早味進行把關。

這代代傳承的，不只是備製工序，還有工序背後，面對食客的不變心意。

許多食客，也把茂川肉丸視為一種跨越時空的味覺座標。孫葆傑說，常有原先住在市場附近的老鄰居，可能旅居美國或大陸，但即使闊別四、五十年後，仍會專程回來點一份肉丸。異鄉漂泊的人生，故鄉總是用味覺定位。就像當兵時想念媽媽的飯菜香；就像台中人吃什麼都要東泉辣醬。人們用茂川肉丸的古早味，跨越時間與空間的騰挪移動，找回陳年故里的點滴記憶。

不過，作為這家肉丸老店第四代傳承人，可從來沒把這百年歷史當作包袱。從小看著招牌上的電話從四碼變成八碼，菜單上，肉丸的售價從幾元一路漲到四十元。這間走過百年的肉丸店，是家族裡好幾代人的青春，有代代相傳的悲歡喜樂。但對孫葆傑來說，這也只是孫家日復一日的生活常態。

因此，即使是獲得米其林餐盤推薦，孫葆傑也仍淡然處之。關於下一個百年，他現在倒還沒想過，他只是做好每一天的工作。每天爐上油鍋微沸，手上剪刀、湯勺翻轉，挑肉丸、剪粉皮、舀醬汁，與食肆裡的每一個顧客短暫交流，依照古法做好每一件事情。這是一百年來，茂川肉丸的平凡日常，而這也是米其林的神秘客評審，願意號召外地旅人遠道而來的風景吧。

STORE INFORMATION

地 台中市中區台灣大道一段 401 號

電（04）2227-7477

時 11：00 ～ 16：00（週一公休）

茂川肉丸
Facebook 粉絲專頁

照片提供 / 茂川肉丸

施美玉名香

用心做好香，歲月不如煙

撰文／攝影　蘇仟雯

創立年分	1774 年設立於福建
傳承秘訣	用心與堅持
特色	本色香、許願香、護法香、妙喜香
人氣招牌	本色香
重要事蹟	研發立香製造機

　　長輩在自家廳堂，晨起給祖先點上三柱香，開啟一天的日常。「香」是台灣人生活中的一部分。

　　1774 年在福建創立的施美玉名香，創辦人施智亭取名「美玉」是因古代「玉」為吉祥之物、避邪的隨身寶物，「美」有完美之意。從名字即可得知創辦者對施美玉名香的期待與要求。第二代施悃誠來台，在彰化鹿港中山路落地經營。民國六、七〇年代，又搬遷到員林設廠擴大事業。從一台馬車叩叩叩，載著一車的香

到外縣市販售，到搭乘著火車到台灣各地拜訪客戶、拓展市場。開業一路走來的歷程，也隨著台灣建設與經濟軌跡前進。

台灣早期，還因不同風俗與地區流行著黑、紅、黃香，看似各具特色的背後卻有健康的隱憂。像是加入木炭或黑色煙灰的黑香，吸入會有致癌的風險。後來台灣人的健康意識逐漸抬頭，才開始關注所使用的香。在那個時代的洪流之中，「香」看似即將成為夕陽產業，老闆施炯鏞問自己，祖傳的老店該往何走。最後在「童叟無欺」的百年店訓中找到答案：用好的原料，做出好的「本色香」。

「本色香」即不染色的香，以好木材、原味對決。為了取得價格合理、品質滿意的木頭，施炯鏞開始親自飛到各個原料產地挑選原木。就此施美玉名香站穩頂級香市場。施美玉名香的「香」，不只有生活中、廟宇參拜中的香，占銷售事業的一大部分是屬於中式的芳香，在靜心、念佛時點上，能讓心緩緩的安定，沉香與臥香即是店家推薦的代表性產品。

雖然品質掛保證，但是卻也曾經面臨北部商店買貨不買品牌的困境。大學讀商的施炯鏞，除了懂香，也懂經營。帶著百年老店，以好產品，走出品牌的價值。除了註冊商標外，開始在書刊、媒體曝光，架設網站，讓施美玉名香的產品價格公開透明掛在網路上，雖然價格公開，可能面對削價競爭；經銷商掛上去，會被其他同業前往爭取上架，但是這麼做卻能讓好香在市場上做到客觀、標準化與普及。

施美玉名香的標語「原色原味，微煙環保」，一路走來，始終堅持。幾次的廟宇禁香事件，雖小有波及，但是沒有受到太劇烈影響。用真實檀香和沉香原料製成的好香，曾經有客戶分享，點上好香：「聞了全身舒暢，念念不忘的好味道。」信仰自有淵源，環保則是實務。施美玉名香的環保好香，因為用心與堅持，讓百年老店生生不「熄」。

• STORE INFORMATION

🏠 彰化縣員林市大饒路 897 巷 23 號

📞（04）832-2334

🕐 09：00 ～ 17：00（週末公休）

施美玉名香
官方網頁

施美玉名香
Facebook
粉絲專頁

STORE. 06

中部
CENTRAL TAIWAN

玉珍齋

CHANGHUA
彰化

糕餅香裡說豐年

照片提供 / 玉珍齋

撰文　洪宇萱　　攝影　吳佳芬、蔡昕芸

創立年分

1877 年

傳承秘訣

以變制變

特色

冰麵茶、傳統三明治、鳳眼糕

人氣招牌

鳳眼糕

重要事蹟

榮獲文馨獎肯定

照片提供 / 玉珍齋

照片提供 / 玉珍齋

　　以傳統糕點遠近馳名的玉珍齋，創立於清光緒 3 年。玉珍齋所位於的鹿港老街，假日時總是熙來攘往，不難想像「一府二鹿三艋舺」港都時期的繁榮盛景。到了日治時期，鹿港老街更由「五福大街」改名為「中山商圈」，同時也誕生了揉合繁複的巴洛克風格及台閩紅磚的特色建築。

　　「其實最早我們家是做『船頭行』，就是有點類似現在的國際貿易，不是賣糕點的！」第五代繼承人黃一彬笑著回想。

　　由於當時的經營者致力於詩禮，自然結識了不少文人雅士，文人朋友們每每起鬨相聚，除了清談時事、吟詩作對，總也少不了品茗佐以茶食助興，於是家中製餅師傅們便苦心研究出更多精緻的糕點，家中先輩們也將「玉珍齋」作為副業餅鋪的名稱。隨著時間推移，稻米和布疋的港口貿易逐漸沒落，糕餅則因為頗受好評而興盛了起來，此時的玉珍齋可謂達到第一個巔峰。

⊕ 承先啟後憶昔年—— 掙扎

　　「玉珍齋是歷史很悠久的一間店，創立於西元 1877 年。家裡開餅店嘛，當小孩子的時候很開心，因為有很多糕餅可以吃。」黃一彬笑瞇瞇地回憶起昔年無憂的流金歲月。

「我已經是第五代的玉珍齋接班人囉！當我還只是小孩子的時候，就已經被決定好未來要做什麼，有一種人生就這樣被限制住的感覺！所以我有一段時期是很叛逆的，不想接糕餅生意。」

聽聞至此，筆者不禁認同地點點頭。然而，又很好奇究竟是什麼樣的契機，讓黃一彬決定再度回到這間熟悉的老店呢？

黃一彬彷彿看穿筆者的心思，繼續說道：「後來，我去加拿大魁北克省留學，住在一個傳統的小鎮，見到了許多當地獨一無二的傳統儀式，感動的同時也不禁捫心自問：『我的家鄉，是否也有彌足珍貴、需要世世代代流傳的事物？』就在那一瞬間我忽然意識到，玉珍齋就是那跨越世代且值得悉心呵護的瑰寶，是該回家的時候了！」

這就誠如詩句：「眾裡尋他千百度，驀然回首，那人卻在燈火闌珊處。」黃一彬在浪跡天涯後更明白，玉珍齋正是那燈火闌珊處的最佳選擇！

✥ 草木百年新雨露—— 沿革

玉珍齋是一家百年老店，不少老店都會有傳統的束縛與壓力，然而面對時代變遷與客群飲食習慣的改變，黃一彬又是如何在懷舊與創新間取得平衡呢？

除了堅持保有老店的傳統味道，他也隨著時代潮流改進產品的口味，現代人追求養生和健康，就少油少糖，把產品改良成以爽口為主。傳統糕餅是一大盒，而現在包裝則以較為環保的紙包裝，以及改良為小包裝，方便保存與送禮。

✥ 留予他年說夢痕，一糕一餅耐溫存

這樣的百年老店，在請黃一彬介紹產品時，他如數家珍的樣子，伴隨著一個個小故事，著實令人感動。

在鹿港玉珍齋的古厝裡，你可以是風雅文人，來份遊奕糕體驗邊下棋邊吃糕的樂趣；你也可以是美食作家，來杯麵茶泡米粩，品嘗古早人情溫暖的好滋味。下次來訪彰化，不妨到玉珍齋來見證，創新與傳統交會時所互放的光亮！

▨ 鳳眼糕

自 1877 年至今，是玉珍齋的鎮店之寶。糕點餅型如同鳳眼，質地細膩、入口即化，而那淡淡的香甜會一直留在唇齒間。舊時許多家庭只有逢年過節才能吃到這麼高級的糕餅，曾有位店員提過小時候只有生病時媽媽才會買給她吃，至今仍然記得那小心翼翼捧在手心、化在嘴裡幸福的滋味。

▨ 豬油米粩

這個糕點是將芋頭粉和糯米混合搓揉、發酵，放入鍋中炸後，在外表裏上麥芽並黏上米、芝麻、杏仁和花生製成。這貴氣的點心不僅經常在重大節慶被端出來，食用方法也很講究，得先泡好一壺茶，再將豬油米粩捏碎泡進茶裡，有時也被當作是治感冒的偏方。老闆也回想起，曾有個男孩約會之前，會來玉珍齋買一大包豬油米粩送給女朋友，就這樣送到成了老婆，現在全家去玩也要來買一大包豬油米粩。

▨ 綠豆糕

這是黃一彬推薦的商品。綠豆是台灣傳統的口味，鹿港的綠豆糕偏鬆軟，適合文人雅士品茗時搭配。他也強調：農產品幾乎都是用彰化在地生產的作物。堅持在地，是接地氣，也是生於斯長於斯的回饋。甚至延伸出後來的遊弈糕，更是結合了綠豆糕和牛奶糕，做成了象棋形狀的糕點，品嘗的同時也可以順便感受下棋的樂趣。與當年創始時，一群文人雅士品茗、下棋、吃糕餅的回憶，遙相呼應呢！

• STORE INFORMATION

🌐 彰化縣鹿港鎮民族路 168 號（民族路中山路交叉口）

☎ (04) 777-3672

🕐 08：00 ～ 21：30

玉珍齋
官方網頁

玉珍齋
Facebook
粉絲專頁

撰文 林億昕　　攝影 林億昕、蔡昕芸

STORE. 07

中部 CENTRAL TAIWAN

彰化 CHANGHUA

鄭玉珍餅舖

嘗一口糕餅，聽百年故事

創立年分

1887 年

傳承秘訣

純手工傳承、古法製作

特色

傳統鳳眼糕的原料只有米跟糖

人氣招牌

鳳眼糕、元寶酥

重要事蹟

引進日本電氣烤爐，彰化糕餅業的第一台電氣烤爐

✥ 很久很久以前

　　坐落在鹿港老街的鄭玉珍餅舖，是老街古樸紅磚道兩旁清朝閩式建築的其中之一，古色古香的建築門面，百年店舖的氛圍，店內糕餅的品項琳瑯滿目，最為經典的非小巧精緻的鳳眼糕莫屬，除此之外還有綠豆糕、福圓糕、冬瓜糕、口酥餅與各式口味的粩類。

　　傳承到第五代的鄭玉珍餅舖，由清光緒年間自泉州渡台發展的糕餅師傅—— 鄭槌所創立，鄭槌為泉州蟳埔人，出身小漁村的他，因父母深感討海辛苦，送他至泉州府城學習糕餅手藝，來台發展成為鹿港少數擁有精湛手藝的糕餅師傅，黃姓米商找他合作成立「玉珍齋」，後來鄭槌決定自己出來開店，鳳眼糕便是鄭槌匠心獨具所創，鄭玉珍舖內的牆上掛滿了獎狀，都是鄭槌在製作糕點時力圖創新，參加日本的名產調查會所獲，可想見當時十分風光。

✥ 把故事說下去

　　約訪的這天，走入店中，抖擻的嗓音迎面而來，介紹著餅舖的淵源，第五代的洪宜群笑稱自己是店小二，掌心朝上比了比後方的父母：「老闆在這！」第四代的父親笑了笑說：「現在都交給年輕人了啦！」說起鄭玉珍餅舖的故事，第五代的洪宜群以他的視角，帶給筆者與行前閱讀之影像或文字資料—— 以第四代為訪問對象，截然不同的敘事鏡頭。

　　身為第五代，餅舖曾經如何風風火火，從來都是長輩茶餘飯後描繪的景象，遙遠如夢境，受到全球化的浪潮、產業結構改變、飲食西化等等的影響，洪宜群

小時候不管是媽媽家族的餅舖或爸爸家族的布行，都已榮景不再，後來父母決定承接外公外婆手中這間店。問起是什麼原因讓他師院畢業後不從事教職，而選擇返鄉接下家業，洪宜群給了一個浪漫的答案——「把故事說下去」，餅舖從清光緒年間延續至今，積累了世代的記憶，店鋪歷史流轉就是鹿港小鎮產業發展軸的註解，店內任何一個擺件都有由來，故事俯拾即是，比如說架上那些隨便都是一百年的製餅模具，各樣式有其象徵意義，錢仔條的模組製成的糕餅意在求財，齋戒祭拜時，會用魚、鴨等模組製作；比如說櫃子上的謝籃是鹿港辜家在大型祭祀時會將訂製好的糕餅一層一層放入，再用扁擔挑走。洪宜群說：「如果今天不做了，故事沒有人說了，這一切就會被遺忘。」

⊕ 創新是未來的傳統

　　傳承的使命感是一種浪漫情懷，而經營的現實考驗則沒有絲毫的閃躲空間，時代衝擊而式微的傳統餅業，因鹿港小鎮搭上觀光休閒旅遊發展的列車，漫漫黑夜終出現曙光，八〇年代文建會打算修復鹿港古市街，即便老街未來是否真能發展觀光仍是未知數，洪宜群的父母在各方評估之下，認為中山路的型態不適合徒步觀光，於是搬離原本的店面，落腳在埔頂街裡，即前身為船頭行的古建築。

　　在「文創」一詞仍未成為顯學的時候，為了推廣傳統糕餅文化，鄭玉珍和學校、旅行社、社區合作，在店門口排了桌子辦起糕餅 DIY 的體驗課程，每每介紹完，遊客都訝異道：「天哪！你們就這樣把一百年的古董模具讓小朋友摸來摸去？」不再只是賣糕餅而已，鄭玉珍將糕餅中蘊含的文化意義提取出來，以生動有趣的方式融入現代人的生活中。由於小朋友對綠豆、花生口味的糕餅接受度不高，於是又開發了巧克力、牛奶、草莓等口味擄獲新世代的味蕾。

　　談起父母代種種的變革，洪宜群對父親決策的魄力透著敬佩：「很多事不是準備好了才去做」、「因為你永遠沒有準備好的一天」，任何一種成功的經營模式都無法複製，因為那是別人的，在你身上不一定合適，開店的每一天，就是不斷地摸索、嘗試、克服，例如：洪宜群考量到現代人家庭人口數不多，過往大分量的包裝不符需求，再次設計了鳳眼糕的包裝，以視覺上的精巧為主，但因為鳳眼糕脆弱易碎，在研發新包裝的過程可謂吃足苦頭，父親覺得這舉措根本吃力不討好：「而且分量那麼少誰要買？」

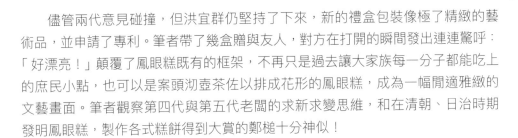

　　儘管兩代意見碰撞，但洪宜群仍堅持了下來，新的禮盒包裝像極了精緻的藝術品，並申請了專利。筆者帶了幾盒贈與友人，對方在打開的瞬間發出連連驚呼：「好漂亮！」顛覆了鳳眼糕既有的框架，不再只是過去讓大家族每一分子都能吃上的庶民小點，也可以是案頭沏壺茶佐以排成花形的鳳眼糕，成為一幅閒適雅緻的文藝畫面。筆者觀察第四代與第五代老闆的求新求變思維，和在清朝、日治時期發明鳳眼糕，製作各式糕餅得到大賞的鄭槌十分神似！

✛ 記得自己的根

　　鳳眼糕在一百年間有了不同的面貌，從物質匱乏的年代以糯米作為基底，到美援時麵粉進入台灣飲食文化中，麵粉版本應運而生，在現代社會裡也有更多元的口味、創新的包裝，可鄭玉珍仍堅持每天製作清朝的鳳眼糕原型，用傳統的白紙紅印小心包起，富有古風，且為數不多，留待有緣人品嘗，象徵著百年精神永存在後代心中，無論時代的巨輪走到哪裡，這由糯米和糖組成，潔白、狹長、細小的鳳眼糕是鄭玉珍不能忘的根本。

✛ 最美的是人情

　　「有空再來坐坐聊天喔！」訪談結束後，筆者在巷子轉角處遇到第四代的洪老闆，正與鄰居閒話家常，並熱情向筆者道別。午後的陽光斜照在紅磚上溫暖和煦，如果哪天你來鹿港，不妨留點時間品嘗鄭玉珍的糕餅、故事與人情。

· STORE INFORMATION

- 🏠 彰化縣鹿港鎮洛津里埔頭街 23 號
- ☎ (04) 778-8656
- 🕙 10：00 ～ 19：00（平日）；09：00 ～ 19：00（週末）

鄭玉珍餅舖　　鄭玉珍餅舖
官方網頁　　　Facebook 粉絲專頁

STORE. 08

中部 CENTRAL TAIWAN

貓鼠麵

彰化 CHANGHUA

文火慢熬的堅持

撰文／攝影　蘇仟雯

照片提供 / 貓鼠麵

創立年分

日治時代即有麵攤，1921 年店面開設

傳承秘訣

手工、原味

特色

貓鼠麵

人氣招牌

貓鼠麵、豬腳

重要事蹟

2019 年總統親自拜訪品嘗美食

⊕ 老闆的矯健身手，成就貓鼠美名

第一代老闆陳帳與兒子陳木榮的生肖皆屬鼠，又因為陳木榮身形瘦小且動作敏捷，熟客們稱他為老鼠仔。而「貓鼠」是閩南語「老鼠」的發音，以老闆熟練的煮麵樣子刻畫這碗滋味，才會有「貓鼠麵」的命名。日治時代結束後，貓鼠麵由陳木榮的姪子陳昭漢接手經營；1985 年陳昭漢傳承給其子陳汝權，正式註冊為「正宗貓鼠麵」商標，讓貓鼠麵從此別無分號，獨家傳承。

⊕ 與拉麵一別苗頭，日本人為之驚豔

日治時期即開張的麵攤，讓講究湯頭的日本人在當時的小小麵攤初嘗之後大為驚豔，與許多同鄉分享，紛紛前來品嘗。日本的 RKK 電視台曾經跨海前來採訪；亞細亞航空也曾經在自家航空雜誌介紹；日本遊客曾特地來到彰化，只為一嘗貓鼠麵的好味道，一吃驚為天人，以行動來證明他的讚賞，認真地吃了七碗，意猶未盡。

⊕ 多元開發，內用外帶兼宜的一桌豐盈

在貓鼠麵裡，還有加入貓鼠三寶的組合，分別是雞捲、燕丸、香菇丸，都是手工製成，像是雞捲是用豬肉、筍子、香菇捏成型，接著下鍋炸到「赤赤」上鍋。

店內還販售許多由第三代陳汝權開發的產品。豬腳是用鋪滿甘蔗的陶鍋，加入蔥、蒜、醬油，燉煮三小時而成，上桌時外皮 Q 彈、成色暗紅。貼心之處，陳汝權會先切塊讓顧客好入口，口感厚實卻不油膩。若自備外帶餐具，他說都會將分量多給一點，讓自己能對環境永續默默盡一份小小的心意。

✛ 遵循古法，守著純粹的滋味

貓鼠麵，吸引日本人的地方就在於那清澈又有層次的湯頭。看似簡單，做工繁複。一般麵攤湯麵的高湯多以豬大骨來熬煮。甚至在這各種添加物的時代，許多店家有許多求快的方式增加高湯的鮮甜，而貓鼠麵百年如一日。高湯是將豬後腿肉剁成細塊後油炸，再加上蔥、醬油與扁魚熬煮兩個小時後，再加入蔥酥、蒜與鮮蛤湯繼續熬煮一小時而成。在顧客點麵後，開始煮麵。陳汝權會先將油麵放入滾水中燙過，起鍋後加上少許豬油、鹽、蒜末、醋，再澆上一勺高湯肉燥，即成為一碗貓鼠麵。上桌後舀一匙入口，有肉香打底，又帶點淡淡的鮮甜，讓人回味無窮。

✛ 彰化三寶，守護老中青三代的肚子與回憶

第三代老闆娘王明津說：「其實也到可以退休的時刻，繼續經營著一間店，也許更帶著一個責任。」貓鼠麵，是彰化三寶之一，也許不是彰化三寶中最出名的一項，但是這一碗用心傳承與製作出來的麵，有屬於它在許多人心中的重要地位。一碗麵，是旅居國外的家鄉味、是北漂青年曾經放學後的青春回憶、是巷弄間的老鄰居填飽肚子的一餐。老闆和老闆娘繼續守護著麵店，陪著這座沒有大舉城市化的城市，一起守護著屬於歷史長河裡的平凡與不平凡。

• STORE INFORMATION

🌐 彰化縣彰化市陳稜路 223 號

📞 （04）726-8376

🕐 09：00 ～ 20：30

貓鼠麵
官方網頁

貓鼠麵
Facebook
粉絲專頁

STORE.09

中部 CENTRAL TAIWAN

丸莊醬油 YUANG YUANG

雲林

百年醬油老品牌，
創新跨界新市場

照片提供 / 丸莊醬油

撰文　張景賀

創立年分

1909 年

傳承秘訣

堅持古法

特色

兼具古法與創新的美好調味

人氣招牌

丸莊霹靂素還真醬油

重要事蹟

首創在台北市開設醬油專賣店

照片提供 / 丸莊醬油

台灣最老的醬油家族品牌，成立超過百年，已傳承四代。它專注，秉持職人精神，堅守醬油市場；它低調，不打電視廣告，卻連續兩年榮獲《康健》雜誌醬油類信賴品牌第一名。它是怎麼辦到的？

醬油，這個台灣人飲食文化中，不可缺少的一個元素。提到醬油，你會想到台灣哪個地名呢？

雲林西螺！

⊕ 一件事，成就百年品牌

一甕又一甕的醬油缸，一瓶又一瓶的黑色醬油，把自己的姓「莊」字用紅筆圈起作為商標，是位於雲林縣西螺鎮丸莊醬油最明顯的識別方法。

它成立於 1909 年，百年來秉持職人精神，遵循百年釀造古法，將黑豆放入陶甕中經陽光曝曬，發酵一百八十天製成黑豆蔭油。專注於做好醬油這一件事，其品牌如同它的古法釀造一樣，是時間的產物。

「我們的手工釀造醬油很單純，黑豆、水、鹽和糖，以及一顆做好醬油的心。」丸莊醬油副總經理，也是家族第四代成員的莊偉中，談起家族製作醬油的歷史與初衷。

⊕ 堅持產品品質，專注市場經營

看似傳統的醬油行業，市場卻是與時代同步演化前進。台灣隨著社會發展，過去街邊柑仔店、便利超商、百貨公司、專賣店、高檔有機超市、到網路商城，醬油的銷售通路也隨之演進向前。

丸莊醬油在產品上的堅持，要求做對得起良心的好產品，且從不打折。雖然產品上一路堅持，在經營市場上，卻能與時俱進。丸莊很早就在台北市重慶北路開啟醬油專賣店，是國內醬油界的首創。

莊偉中回到家族中，為了開發年輕客群，背著家族的期待及不被看好的眼光，上網賣醬油；為了讓消費者更了解醬油文化，促使西螺的起家厝成立醬油觀光工廠；為了品牌經營，將醬油重新包裝升等為西螺伴手禮，一路賣進百貨公司專櫃，讓醬油成為禮品，也讓家族品牌躍升為台灣知名醬油品牌。

✥ 老品牌，不能為了新而新

「老品牌不能一味為了創新而創新。如何讓舊客群保持熟悉感，又能有創新手法吸引到新的消費族群，開創新市場，是老品牌經營的一大挑戰！」莊偉中談及品牌經營心得。

莊偉中分享近期即將上市的一系列產品，從產品定位、包裝、logo 設計、瓶身、通路的全新規劃。

例如：醬油瓶身設計，經團隊研究深入消費者使用習慣、心理學與手握便利度，研究現代廚櫃及冰箱空間的變化、通路貨架的高度，以及與其它品牌的差異化，設計出有別過往傳統細長的醬油瓶身，以全新矮圓瓶身，高辨識度及高質感，讓人一眼就能識別百年醬油老而創新的品牌。

✥ 跨界合作，轟動武林

沒有龐大的資金可以大打電視廣告，丸莊醬油以多元創新的行銷手法開創不同的市場。過去婆婆媽媽是醬油的主要採購者，在丸莊各種新穎、創新的行銷經營下，成功的開放年輕世代的消費市場與忠實客群。

在同為食品行業中，跨界聯合推出「大甲乾麵 × 丸莊醬油」，一推出即獲市場好評。在與宗教文化合作上，更與大甲鎮瀾宮推出媽祖聯名商品，成為醬油界首創。

照片提供／丸莊醬油

近期，丸莊更與同樣是雲林之光的霹靂布袋戲共同聯名，推出「丸莊霹靂素還真醬油」。這款醬油，為了要跟素還真聯名，特地採用一半黃豆、一半黑豆，調製出獨特風味，來搭配素還真半神半聖亦半仙的名言風格。限量兩千瓶，一上市就引起布袋戲迷的瘋狂搶購。

✦ 對消費者、生產者、在地農業都好的生意

為了醬油關鍵原料的黑豆，十多年前開始，丸莊希望能做到食材溯源讓人安心，因此放棄無法溯源的中國黑豆，改從美國進口黑豆；同時，與台灣在地農家，展開本土黑豆種植契作計畫。

經過十多年努力及每年數百萬元的投入，在 2018 年，丸莊品牌完成旗下黑豆醬油系列產品 100% 採用本土種植黑豆的目標。同年也推出「與在地農民合作，採友善耕作」的新產品 ── 台灣黑豆釀造蔭油清。

現在，每一位消費者購買丸莊醬油的產品，不只是買一份能夠溯源安心的食品，也同時支持著本土農業發展，形成消費者好、生產者好，對在地農業也好的三好正向循環。丸莊醬油也成為消費者心中兼具企業社會責任的信賴品牌。

有華人的地方，就有丸莊醬油。

「只要有華人的地方，飲食文化就不可能缺少醬油這個元素。我認為醬油是一門好生意！」莊偉中眼中散發著自信說。

台灣市場小，競爭者眾多。走向國際市場，除了是企業成長的必要，也是家族長輩給第四代的挑戰。

過去，丸莊雖固守台灣市場，其百年品牌基石及對品質的堅持，成功吸引外商主動找上門尋求合作開發國際市場。目前已在大陸及東南亞市場開始銷售，相信在不久的將來，丸莊醬油將會成為更輝煌的百年品牌與台灣之光。

• STORE INFORMATION

🏠 雲林縣西螺鎮延平路 25 號（觀光工廠）

☎ (05) 586-3666

🕐 08：00 ～ 20：00

丸莊醬油
官方網頁

丸莊醬油
Facebook
粉絲專頁

相遇南屯老街，
探索在地百年風味

撰文
曾令懷
蔡昕芸

攝影
諄、曾令懷

南屯漫遊

台中南屯，這個過去是連接彰化鹿港與豐原的交通樞紐，田心社區位於台中市南屯區內，屬於發展歷史悠久的社區，其中牛墟文化與麻芛（ㄨㄟˇ）文化更是這裡的特色。若想要理解麻芛與南屯的故事，可以到萬和宮文化大樓的麻芛文化館，除了展覽畫作以外，也有工作人員熱情導覽，了解到原來麻芛其實就是當時種植的黃麻的葉子，盛產於夏季，又具有消暑作用，有些人會把它放進湯裡一起煮。至於黃麻莖部則是會做成麻繩、麻布袋或是紡織布料的原料，在當時的農村社會可謂非常重要。

南屯老街又名南屯路，雖然現在看起來不大，但因為過去是交通要道因此仍稱為「路」。

⊕ 老街有穿山甲？

南屯舊稱「犁頭店」，因為南屯一帶是務農為主，農民便會在此生產許多農具進行交易，故有此稱。走在南屯老街上，可以觀察到許多門牌號碼下方都有犁頭的形狀。而老街地上不時可以看到穿山甲的圖示，原來是因為當地穿山甲多，居民怕穿山甲冬眠過頭、忘記在春天起床翻土，所以農民便會集體踏地板，叫穿山甲該起床做事啦！而風水學上來說，認為犁頭店正好位於聖獸穿山甲穴上方，若能吵醒冬眠的穿山甲便會為地方帶來吉祥。後來這在南屯演變成在端午節的犁頭店穿木屐躦鯪鯉的活動。

沿著南屯老街往東走，田心社區發展協會製作的「牛墟輕便車站」，除了復古感的地圖，也讓人感受到早期因為大量種植水稻及菸草，因此曾經有輕便台車在此設站，而且是靠人力推動的，是社區內所有人的共同記憶。

⊕ 南屯信仰中心

再往前走一些，可以看見「瑞濟堂」，是田心仔賴家大戶的古厝，溯源於福建省漳州府平和線的十一世晚郎遷居來台，還有棵百年老樹供人敬仰。

南屯老街的主角「萬和宮」是當地最悠久的古刹，主要供奉媽祖，為 1684 年由湄洲恭請護船來台；起初僅建小祠祭祀，因各方信眾膜拜而經常顯聖，於是地方倡議擴大建廟，最後由張、廖、簡、江、劉、黃、何、賴、楊、戴、陳、林等十二大姓氏集資擴建，定名為「萬和宮」，也寓意媽祖保佑不同族群能萬眾一心、和睦相處，共謀地方發展。

⊕ 老街覓食去

順著萬和路一段走，所有老饕皆聚集此地：「阿有麵店」與「廖記老街麵線」，都是在地多年的台中古早味。數一數二的阿有麵店餛飩湯，廖記老街麵線也不只麵食有名，還有客家粄條、肉燥飯等，朴菜飯更是客家料理代表性的小吃。用餐完後想吃甜點，「冰烤地瓜」在轉角處等你，甜而不膩，香氣十足！口渴了？想吃冰？文青小店「涼心冰室」也都在這條小街上，不怕你找不到可以吃喝的店面。如果一早想來覓食，「萬和路傳統早餐店」的麵糊蛋餅也是絕佳選擇！

⊕ 林金生香餅行

南屯老街區的另一個主角「林金生香餅行」，因為房屋不大的關係，故製作糕餅的地方已經移到靠近萬和宮一處，而原址則成為「研香所」，是因為老闆有感於現在年輕人愈來愈少吃糕餅，為了推廣糕餅文化，而設為體驗活動與享用糕餅的店面。糕餅製作並不如想像中容易，例如：怎麼捏揉、該先捏什麼口味、壓進模具裡的力道等等，許多細節都是不可輕忽的，這也是為什麼林金生香餅行享有盛名的原因！店內還可以看到許多老房屋的痕跡，同時也代表他們過去生活的樣貌，也有許多照片與解說，大家在吃餅的同時可別忘了看一下林金生香餅行的故事！

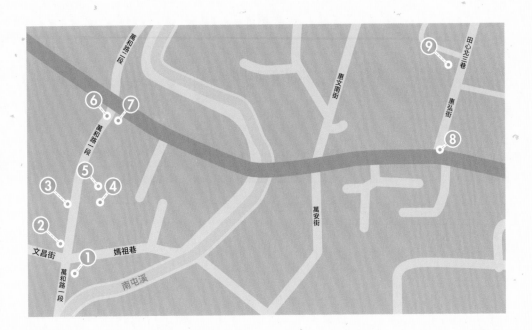

順遊路線：

① 南屯麻芛文化館 ➡ ② 萬和宮 ➡ ③ 林金生香 ➡ ④ 阿有麵店 ➡ ⑤ 涼心冰室 ➡ ⑥ 萬和路傳統早餐店 ➡ ⑦ 南屯老街冰烤地瓜 ➡ ⑧ 牛墟輕便車站 ➡ ⑨ 瑞濟堂

ATTRACTION
01

ATTRACTION
02

ATTRACTION
03

南屯麻芛文化館

◉ 台中市南屯區萬和路一段 56 號

◉ 08：30 ～ 12：00、13：30 ～ 17：00（週末）

萬和宮

◉ 台中市南屯區萬和路一段 51 號

◉ 08：00 ～ 22：00

林金生香

◉ 台中市南屯區萬和路一段 59 號

◉ 08：30 ～ 19：00（週三公休）

阿有麵店

📍 台中市南屯區萬和路一段
70 號

⏱ 07：00 ～ 18：30（週一公休）

涼心冰室

📍 台中市南屯區萬和路一段
78 號

⏱ 11：00 ～ 19：00（週二公休）

萬和路傳統早餐店

📍 台中市南屯區萬和路一段
104 號

⏱ 06：00 ～ 11：00

南屯老街冰烤地瓜

📍 台中市南屯區萬和路一段 108 號

⏱ 08：00 ～ 20：30（週一～週六），08：00 ～ 19：00（週日）

牛墟輕便車站

📍 台中市南屯區南屯路二段
415 號

⏱ 24 小時

瑞濟堂

📍 台中市南屯區田心北三巷
3-6 號

⏱ 24 小時

鹿港漫遊

到鹿港捕捉歷史的榮光

撰文／攝影
蔡昕芸

還記得以前學的歷史，朗朗上口的「一府、二鹿、三艋舺」嗎？一府，是台灣府城；三艋舺，指的是台北萬華區；而二鹿，就是今天的主角，現今的彰化鹿港鎮。鹿港老街，我想大家都不陌生。

早期作為通商口岸的鹿港，西臨台灣海峽，又是與中國大陸最短距離的航行通道，作為貿易出口甚是方便，鹿港老街最著名的瑤林街、埔頭街與大有街，作為生活城鎮的集中區域，也成為買賣雙方海港貿易的重要據點。走進街區，除了整修過的懷舊閩南建築，跟著巷弄的蜿蜒與地上的紅磚瓦，我們也可以從中想像那時候的繁華。值得注意的是，在屋主們文創與文化的保留推動下，也重新經營起民俗藝品，或是早期的懷舊餐點，剉冰、柑仔店、糖葫蘆等等，保存在長輩的記憶中；對於年輕孩童們，則是作為想像，透過故事與眼前的風景，感受時空背景的交流。

「街道特別彎曲，有時甚至成直角連串轉彎，會如此是先民智慧的展現與適應生活的艱辛，走在街上請仔細體會每一曲折所蘊含的歷史故事。」人們如此說。

以鹿港景點來說，可分為北鹿港及南鹿港。體力好的人，在天氣允許的狀況下，建議把車停在北鹿港或是南鹿港，然後以步行的方式往南或往北走，最後再騎 Ubike 回另一端的 Ubike 停車處。如此一來，方便走走停停，在閩南風情的巷子裡拍照，回憶過去的日子。在鹿港的漫步地圖裡，也可以看出整個景點規劃及交通完善的優勢，而當然電動載客的三輪車也是一個選擇。

從北鹿港走到南鹿港，鹿港老街的南北端正好是百年老店鄭玉珍與玉珍齋，新祖宮、公會堂，都在鹿港老街段，君子巷、桂花巷、半邊井等等，也都在其中，為何叫做君子巷呢？因為那兒巷寬較窄，所以若迎面而來的人先行或是先讓，就是保持君子風度了。鹿港老街往西走，有個日式風格，雖然不

長，但是自帶風氣和氛圍的桂花巷藝術村，是各式文創商店駐紮的區域，隨便拍都自帶文青風，玉珍齋往南走，九曲巷、十宜樓、民俗文物館、丁家古厝等，也都是著名的特色建築。

位於後巷的民俗文物館，與鹿港老街區雖然稍微有些距離，但卻是台灣五大家族之一的鹿港辜家宅邸。從外頭窺探，會發現這是與閩南建築風格完全相反、色彩濃厚且美麗的西式建築。定期修整的草地，庭院更顯落落大方，當年的「洋樓」後來成為國際會議廳，提供日本皇族或官員在此交流往來。民俗文化館分成三大建築，除了洋樓外，還有另外一棟「古風樓」建築，這是在清末與日治時期的鹿港私塾，也就是文人學士們其中的一個教育起點。民俗文物館除了建築的歷史特色外，更是許多文物典藏的展示廳。

順著景興街的民俗文物館走，會發現一處外頭紅磚牆面掛著進士丁家的古厝，不遜於民俗文化館的吸引程度。雖然中山路才是丁家古厝的門面入口，從後院往前庭走也是個特別的感受。陽光灑在紅磚上，跨過門檻是古厝的院子，「和生瑞氣」、「善業祥光」兩個落款掛在門頂，廂房也擺著各式各樣的古書籍、書法作品等等，更能感受書香文地的氛圍。建於清光緒年間的丁家古厝，是彰化縣定古蹟，也是目前台灣僅存清朝三間店面內套四合院之案例。而所謂「三坎三進二院」的建築格局，「坎」，是指街屋建築一間店面，丁家古厝有三個店面；「進」，則是指房舍的深度單位，丁家共有三進，故稱為三坎三進二院建築。

除此之外，金門館、地藏王廟、文武廟、摸乳巷都是不錯的景點，但要以自行車或是開車順遊較為合適。鄭玉珍往北之天后宮，也是大名鼎鼎，香火鼎盛。

在鹿港老街裡，鹿港童年の店、彥仲麵茶、旺來香餅舖、阿公香腸，除了回味童年，還有鹿港的特色美食，彥仲麵茶老闆更是國畫高手，喝喝傳統的鹹麵茶和現代人較能接受的原味麵茶以外，還可以欣賞他的扇子畫作。阿公香腸，林立著許多彈珠台，吃香腸前或許可以試試手氣，玩玩打彈珠，就可以獲得免費香腸一根！瑤林街尾與民權路的交叉口，新開幕不久的日式甜點米弎豆お菓子處，是以包料的烤麻糬作為點心，口感外乾內軟，不甜不膩，也可以來嘗鮮看看。老街外，鹿港阿道蚵仔煎、鹿港鬱津香餅舖、玉記芋丸在天后宮附近，阿振肉包與老龍獅肉包，則在九曲巷以南！

在鹿港，享受歷史繁華的榮光，探訪如曲徑蜿蜒的過往。

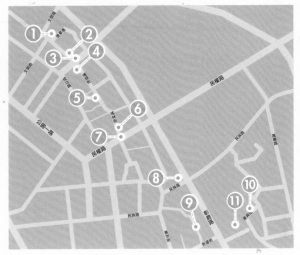

順遊路線

① 新祖宮 ➡ ② 公會堂 ➡ ③ 鹿港童
年の店 ➡ ④ 彥仲麵茶 ➡ ⑤ 鄭玉珍
➡ ⑥ 阿公香腸 ➡ ⑦ 米式豆お菓子
処 ➡ ⑧ 玉珍齋 ➡ ⑨ 九曲巷 ➡ ⑩ 民
俗文化館 ➡ ⑪ 丁家古厝

ATTRACTION
01

ATTRACTION
02

公會堂

◉ 彰化縣鹿港鎮埔頭街 72 號

◎ 09：00 ～ 17：00（週一、國
定假日及布、卸展期間休館）

新祖宮

◉ 彰化縣鹿港鎮埔頭街 96 號

◎ 06：00 ～ 21：00

ATTRACTION
03

ATTRACTION
04

鹿港童年の店

◉ 彰化縣鹿港鎮埔頭街 70 號

◎ 09：00 ～ 21：00

彥仲麵茶

◉ 彰化縣鹿港鎮埔頭街 61 號

◎ 10：30 ～ 18：30

鄭玉珍

- 彰化縣鹿港鎮埔頭街 23 號
- 10：00 ～ 19：00（平日），
  09：00 ～ 19：00（週末）

阿公香腸
- 彰化縣鹿港鎮瑤林街 3 號
- 11：00 ～ 17：00（平日，週二公休），10：00 ～ 18：30（週末）

米式豆お菓子処
- 彰化縣鹿港鎮民權路 264 號
- 10：00 ～ 18：00（平日），
  10：00 ～ 19：00（週末）

玉珍齋
- 彰化縣鹿港鎮民族路 168 號（主要是賣傳統版的大餅；若須購買像網路商店看到的款式，則是前往鹿港天后宮廟口門市：彰化縣鹿港鎮中山路 435 號）。
- 鹿港本舖：08：00 ～ 21：30；鹿港天后宮廟口門市：09：00 ～ 19：00（平日），09：00 ～ 20：30（週末）

九曲巷
- 彰化縣鹿港鎮金盛巷
- 24 小時

民俗文化館
- 彰化縣鹿港鎮館前街 88 號
- 09：00 ～ 17：00（週一公休）

丁家古厝
- 彰化縣鹿港鎮中山路 132 號
- 09：00 ～ 16：30（週一公休）

Keelung

Taipei

Taoyuan

New Taipei

Hsinchu

Hsinchu
County

Yilan

Mjaoli

Taichung

Changhua

Nantou

Hualień

Yunlin

Chiayi
Chiayi County

Tainan

Kaohsiung

Taitung

Pingtung

南
部

SOUTHERN
TAIWAN

CHAPTER 3

STORE. 01

南部
SOUTHERN TAIWAN

嘉義
CHIAYI

金長利
新港飴

媽祖婆保佑的台灣糖果

撰文　顏正裕　　攝影　顏正裕、吳佳芬

創立年分

1891 年

傳承秘訣

遵循古法、真材實料、衛生第一、創新研發

特色

保留原初製作手法

人氣招牌

新港飴

重要事蹟

1964 年開始使用蒸氣鍋與機械攪拌

一百三十一年前，嘉義新港的街上尚未出現糖果店，但已經有糕餅業。新港飴創始人盧欺頭在民雄兜售自己製作的麥芽糖與土豆糖，意外將兩者混合得到現在我們所看到的新港飴（古稱「老鼠糖」，後改為「雙仁潤」）。爾後，金長利的第二代經歷幾次戰爭，糕餅糖果在日據時代仍屬政府管制品，只能私下販售。日本人在台灣組織會社，把第二代的負責人調去當師傅。直到第三代老闆歷經台灣光復，金長利才擁有自己的空間。隨著西螺大橋完工，便捷的交通吸引愈來愈多香客前來新港參拜，金長利的新港飴逐漸變成貢品，不僅帶動也推廣了新港飴的知名度。

⊕ 初識新港飴

第四代媳婦盧楊秀美大約四十年前從花蓮嫁來嘉義。她回憶，相較於故鄉花蓮市，新港仍屬鄉下，路面也是碎石泥土路，鎮上有許多來媽祖廟的香客。金長利製作糖果都還是純手工，盧楊秀美婚後其實相當忙碌，並沒有時間到附近走走看看。在當時，糖果市場逐漸擴大，同時競爭較少，顧客上門的機會愈來愈多，生意也慢慢變好。

雖然來嘉義之前並沒有聽過新港飴，品嘗之後覺得新港飴味道很好，每天埋首在工作裡面，也沒有多餘的想法。盧楊秀美說盧欺頭無意間發明新港飴，但他是個有商業頭腦的人，在大正 8 年就已經申請註冊商標，也有從東京寄來的聯合商標登錄查定謄本許可證。延續到第三代就已經停止申請許可證，所以後來有許多人製作新港飴。不過她認為這讓更多人知道新港飴的存在，也有店家因為它而生存，未嘗不是一件好事。

新港飴的製作都在本店後方的工廠，那是已經保留一百三十一年的房子。目前的店面是六十年前改建。跟許多老店一樣，金長利也面臨過都市更新的計畫，新港逐漸繁榮之後，市區中山路周邊有拓寬（中山路影響較大），還好金長利的影響並不大，也是因為當初改建房子的時候已經預留空間，現在反而店門口還可以讓顧客停車。

目前工廠有七個鍋爐，每日製作固定的數量。煮糖的火候控制只有他們才知道，過去雖然有學徒到外面自行開業，但並沒有學到全部的技術，因此其他製作新港飴的店家，基本上無法複製金長利的口感。

盧楊秀美說現在淡季比以前更長了，在以前農曆 3 月媽祖生日結束後到中秋節都是淡季；現在因為節日慶祝的方式不同，中秋節比較趨向柚子、牛軋糖等，所以淡季會延長到冬天。天氣涼一點，生意比較好。

✤ 金長利的轉折與困難

遇到的第一個困難應該是人力不足。

一開始金長利的新港飴都是手工製作，一顆顆糖果慢慢包裝；當時的工作人員都是媽媽帶小朋友，說是在工作，其實每家都在比賽誰包的多。後來小孩數量愈來愈少，而且家長跟學校比較注重小孩的學業，導致工作人員數量減少。盧楊秀美回憶她還曾經挨家挨戶求人來包裝新港飴，所幸後來就逐漸轉成機器。

第二個轉折則是與機器的磨合。從民國 53 年購置蒸氣鍋跟攪拌機，到民國 81 年開始採用機器包裝，雖然減少人力成本，但是否能通過顧客考驗，也是一個難題。熟客非常了解金長利的產品，機器製作的切割（正方形）與原本手工（圓形）的造型不同，同時也會懷疑口感改變。盧楊秀美解釋其實配方跟製作方式都沒有變，只有外觀改變。

另外最普遍的問題就是傳承。在過去的時代，長輩指定繼承人，這是無法自由選擇的命運。隨著時代演變，盧楊秀美不想強迫下一代接手。大兒子剛從美國回來，有自己想做的工作與生活。不過金長利初次利用網路平台販售，大兒子幫忙解決許多問題，後來大兒子就辭掉工作，回到家裡跟著媽媽經營金長利。

提到工廠的員工，有個特別的小弟弟，他從小就跟著媽媽來包糖果，但因為身心障礙無法繼續讀書，金長利就讓他留在工廠，而他也非常勤勞完成份內工作。而盧楊秀美至今都還是四、五點起床，兒子會更早起床，先把材料準備好，大約兩個小時之後，等其他員工上班接手，自己再稍微補眠。她也笑著說，有時候還被誤會，外人以為他們都睡到八、九點才起床，其實他們早已經工作好幾個小時了。

✥ 金長利推薦

　　首選是老虎糖，這也是大部分顧客來店裡的選擇。當然，金長利現在開發許多新的口味，包括水果飴與黑糖飴。通常都是做好少量產品，放在店裡請顧客試吃，作為市調。但並不是每次都會成功，一開始的水果飴製作四種口味，後來依據顧客喜好才減少數量。現在跟過去的飲食習慣差異極大，少糖、少油的堅持讓金長利也稍微改變糖分，原料與配方都不變。

✥ 未來經營方向

　　現在的管道比以前更多，不是以前開店等顧客上門了。現在販售的方式包括網購（臉書），以及組合、特價等等。說起最嚴重的衝擊，非 2020 年開始的新冠肺炎莫屬，原本金長利在誠品松菸店有櫃位，疫情衝擊之下，最低的營業額還不到一千元，早就考慮撤櫃。不過內部討論之後決定再撐一下，只是疫情沒有明顯好轉，終於還是在 2020 年 5 月份結束了。至於本店，因為就在新港媽祖廟旁邊，相對比較依賴香客數量，2020 年大甲媽祖遶境取消，導致香客跟觀光客的數量也銳減。只希望這次疫情能盡早結束，恢復正常生活。

　　因為兒子接手，網購也許未來會成為主力，讓生意不受場地與降低疫情衝擊。雖然偶爾還是會有百貨或商場設櫃的邀約，但接下來會審慎評估。或許因為百年老店名號，筆者以為長輩捧場的意願會比較高，但非假日的採訪時段也有年輕人上門，無論是從小就光顧此地，抑或初到新港的觀光客，金長利還是新港採買伴手禮的選擇。

• **STORE INFORMATION**

🏠 嘉義縣新港鄉新民路 85 號

📞 （05）374-5252

🕐 08：00 ～ 22：00

金長利新港飴　金長利新港飴
官方網頁　　　Facebook 粉絲專頁

STORE. 02

南部
SOUTHERN TAIWAN

振發茶行

TAIWAN／台南

茶香繞樑，
百年不絕

撰文／攝影　吳佳芬

創立年分

1841 年

傳承秘訣

信義招財以為記

特色

百年錫桶與手工包茶

人氣招牌

台灣高山茶、特色好茶

⊕ 振發招牌，匾輕情意重

「振發是台灣從清朝至今存在最老且沒中斷的老茶行……」，振發茶行第五代老闆嚴鴻鈞娓娓道來茶行歷史。清朝時嚴家祖先從福建泉州渡海來台，落腳台北大稻埕。之後看中府城商機，第一代嚴朱將生意南遷至府城五條港水仙宮附近，開設盛發錢莊及茶行。錢莊的生意興盛，為鼓勵年輕人求學，借貸給赴府城趕考的外地年輕學子，考試幾家歡樂幾家愁，少數幸運能考上功名的人才有能力還錢，落榜的學子無力還錢，久而久之錢莊不堪虧欠而結束。

盛發是錢莊跟茶行共同的招牌，錢莊結束後，專注於茶行生意，於是將木製招牌的「盛」一字改為「振」，取「振作發展」之意，落腳在七娘境四嫂巷（水仙宮附近），後才搬遷元會境，即民權路現址。

說起振發老招牌，還有一個失而復得的故事。木頭招牌懸吊在門外，民國7、80年強颱把招牌吹走，第四代嚴燦城相當著急，因為這是祖先留下來的傳家寶，於是拜託許多收藏家及媒體記者幫忙找尋。民國100年時，嚴燦城病重時還念念不忘要找到振發招牌。有位收藏家輾轉得知台中某古物店有此招牌，幾經說服後才取得。原本要歸還給嚴燦城，但聯繫到他兒子嚴鴻鈞時，已是告別式前夕。於是收藏家去參加告別式，開進殯儀館後車子拋錨了，下車回頭一看，剛好停在嚴燦城的告別式前面，或許是冥冥之中的注定。後來他將招牌歸還且不求回報，嚴鴻鈞才對老父親有了交代。現今店門外懸掛的振發招牌是仿製的，原有招牌已被收藏起來好好保存。

⊕ 茶香世家斜槓醫生世家

茶行現址在民權路一段137號，重建時曾搬到133號，嚴鴻鈞就在133號的茶香圍繞中出生與長大。房子長條形，前面是茶行店面，中間是小庭園跟佛堂，後面才是家族住家。嚴鴻鈞記憶猶新，一早開門就門庭若市，六十幾年前就有買茶的排隊風潮了。家族小孩要出門上學，還要用手撥開人潮才鑽得出店門。每天早上，會看到爸爸在跟六信合作社經理的點鈔入庫。禮拜日晚上爸爸常會配合季節的進貨，邀請茶葉達人來品茗論茶。嚴鴻鈞從小就很好奇，放學後也會在茶行

幫忙，平常好康的、歹康的都會出來湊熱鬧，也會很禮貌的招待茶行的顧客和家族親友。

　　祖先開設錢莊借貸給讀書人，是出於對讀書人的尊重。後來，醫生在當時社會備受尊崇，死後出殯時受民眾跪拜感恩。所以長輩們都很鼓勵小孩念書。嚴燦城很會讀書，台南一中畢業便保送大學，但是因為父親嚴鍾奇過世，十八歲便因接手家族事業而無法繼續升學。他的四弟第一次去考醫學院沒有考上，可是陪考的嚴燦城卻上了，但為了家業只能放棄。四弟經過一番努力得以進入醫學院就讀，因此茶葉家族便有一位醫生。嚴鴻鈞這一代他和大哥都是醫生，他有兩個小孩，老大是第六代嚴偉嘉幫忙經營茶行，老二女兒也是醫生。從此嚴家是茶香世家斜槓醫生世家。

⊕ 時代轉變，茶香不變

　　在嚴燦城經營時，生意很好，茶農都會捧著自家茶葉上門推薦。由於時代轉變，又是老店，顧客的口感愈發刁鑽，對茶的品質也更要求。於是振發茶行對茶的品質檢驗及食安問題更是十分注重，不斷精進茶知識。第六代嚴偉嘉深入茶園進行茶葉的採購，年紀輕輕卻有著滿口的茶經。從茶產地、茶農種植及採摘方式，到製茶師父的烘焙技術，每個環節都會影響茶的品質。採茶是看天吃飯，「晴天採茶，陰雨天不採」。他強調晴天採的茶才能用，若陰天採的茶拿來製茶，品種特有香氣會出不來，所以不能用。

照片提供／振發茶行

高海拔的茶區，親自到產地才能清楚掌握茶的品質，並拿到第一手的好茶。此外，製茶就是截長補短，才有「春仔茶做香，冬仔茶做水」一說。嚴偉嘉解釋，春天採摘的春仔茶「水分較多，所以茶葉要多走水（萎凋）來做香氣」。相反地，冬天採的冬仔茶「水分較低，茶葉本身香氣足但底蘊薄，所以要做水，去補它的厚度」。嚴偉嘉分享，「這茶產業迷人的地方，不在山下，而在山上，尤其是這些好客純樸的茶農」。

✥ 手工包茶的流傳之美

　　身為牙醫師，嚴鴻鈞的工作相當忙碌，之所以可以接班，其實最感謝的是太太周淑莉。她原是大提琴家，因公公身體不好，回來幫忙照顧、陪伴。一開始下班時過來茶行幫忙，還是旁觀者的心態，直到遇見一個顧客，成為轉變的契機。那位顧客前一天到振發時撲了空，於是就去別家，想想後決定還是再來一次，他深感做對決定，因為百年老店的感覺氛圍才是對了。後來看到嚴燦城很老的手在包手工茶很感動。還問一旁的周淑莉會不會包。得知不會的答案，便很嚴肅地對她說：「你們要注重傳承。想辦法承接。一定要認真思考這件事。」也提到日本老店，無論任何行業，都傳承得很好。顧客希望茶行也能如此。

　　至此，周淑莉認真思考人生到底要如何走下去，她認為茶葉和音樂的共通點為兩者都是一門藝術，想通之後便積極投入茶行生意，公公更親手傳授珍貴的手工包茶功夫。她自傲地說，來振發的顧客素質非常高，很多是抱著朝聖心情，在

這裡不是做生意,而是深度交流,分享人生意義,才是最大收穫。印象深刻的是一位日本顧客,他年輕的時候第一次來,結婚後帶著太太來,後來又帶著小孩來,老的時候小孩帶著他來。一間店夠久,才有辦法見證一個顧客從年輕到老的生命歷程,他還會帶著禮物來,就像是朋友。已經不是做買賣,而是一種文化交流。

⊕ 從武夷山岩茶三十六桶到府城十六歲茶,信義招財以為記

　　顧客走進店裡,一眼就被牆上的錫茶桶吸引目光,代表來自武夷山的岩茶。原有三十六個產區的茶桶,二戰時為了躲空襲,搬運過程中不小心遺失或損壞,如今只剩二十四個茶桶了。走近一看,還可見狀元、榜眼、探花的名字,這跟讀書人有什麼關係呢?第三代嚴鍾奇經營時,為了讓來幫忙買茶的小孩子和年輕人好記,於是他想了中榜的功名來代表茶的排名,狀元茶桶裝的是店內最好的茶,榜眼次之,再來才是探花,而其他則是岩茶產區的山峰。到了第四代嚴燦城就以賣台灣茶為主。第五代嚴鴻鈞開發了十二生肖的府城十六歲茶,是為了彌補身為老二無法做府城十六歲成年禮的遺憾。

　　斑駁的錫桶是祖先帶著茶葉飄洋過海來的記憶,老舊的木頭收銀櫃上擺放著數十種的茶葉。周淑莉的手從錫桶抓出深綠茶葉,有條不紊的用白毛邊紙包得方方正正,如同拉大提琴那般流暢,再蓋上百年傳家印章 —— 殷紅的「元會境振發茶林」,包住的不只是茶香,還有百年傳承的情誼與回憶。就如同嚴鴻鈞所說:「茶葉保存了記憶,連結了時空,與時間共鳴,買茶、賣茶、喝茶,串起了與人之間縹緲的羈絆,在時間的長廊裡流淌。」

• **STORE INFORMATION**

🏠 台南市中西區民權路一段 137 號
📞 (06) 222-3532
🕐 10:00 ～ 18:30

振發茶行
Facebook 粉絲專頁

再發號
百年肉粽

南部 SOUTHERN TAIWAN 台南

府城飄香百年的燒肉粽

撰文／攝影　吳佳芬

創立年分

1872 年

傳承秘訣

順其自然，堅守美味

特色

堅守百年美味，手工製作，用料豐富

人氣招牌

八寶肉粽

重要事蹟

首創分量驚人的八寶肉粽及用料豪華的海鮮八寶粽

照片提供／再發號百年肉粽

　　再發號附近有一間大上帝廟，以前唐山過台灣時，商業是由廟宇為中心發展起來，廟口美食也因應而生。年輕老闆吳冠廷是第五代，第一代最早是挑著扁擔在街口賣肉粽。到了第三代也就是老闆的阿公吳金發，開始在廟的對面租房子做生意，當時除了肉粽外，也提供中午的「飯桌仔」，此為台南早期特有的美食文化，提供工人吃粗飽，所謂吃飯配菜，除了飯，還提供五、六樣配菜，就如同現今的自助餐便當，隨顧客預算配多少菜。由於當時勞力密集的工作多，勞工朋友反應一個肉粽吃不飽，再點一個又要等，於是因應顧客的需求開發八寶肉粽，讓大家吃得美味也吃得飽。八寶肉粽廣受好評，現今的店面也是吳金發有能力後買下的；而再發號的名字是取自第一代吳加「再」，並加上自己的「發」。

　　目前的顧客都是熟客居多，北部也有許多顧客訂購，因為他們也是在台南，從小吃這個長大的。老一輩的顧客來店時還會常聊起吳金發的故事，以前人情味很重，阿公打烊後還會跟顧客喝一杯。最令吳冠廷印象深刻的是老爺爺的一封信，那時他還是小學生，有位老爺爺吃到童年記憶的肉粽，特地手寫一封信及黑白照片來感謝，他吃到的就是小時候吃的味道，依舊美味，更為懷舊。這也讓吳冠廷十分感動，記到現在二十幾年，也更堅守古早味。

✦ 名人加持的好味道

　　店裡貼著各類節目採訪的照片，也有不少明星藝人的照片，吳冠廷透露其實還有更多藝人是私下來訪。在眾多名人中，李安導演是他十分敬佩的人。李安導演是台南人，赴美讀書前，就常來吃肉粽，從小吃到大。之後回台，還是會想念並要吃再發號肉粽。2019 年新片上映來台宣傳，記者還特地訂購肉粽帶去採訪。吳冠廷分享，雖然李安導演是國際大導，但為人非常好十分隨和，甚至比一般人還謙虛有禮，且推廣台灣及台南不遺餘力，令人敬佩。

再發號一路走來，也經過不少風雨。肉粽的靈魂之一是豬肉，當初口蹄疫造成不少影響，九二一大地震阻絕遊客前來店裡的慾望，近期的新冠病毒也讓各國觀光客無法入境，本地顧客內用少、外帶多，幸好還有宅配這項優勢。每年的端午節前是店裡最忙的時刻，老闆和員工都要全體總動員，吳冠廷也慶幸雖然人潮受到不少影響，顧客還是很踴躍訂購端午粽子。堅持品質才是挺過一切困境的關鍵。

⊕ 傳統美味的堅持

　　由於時代變遷，食材取得也跟著變化，維持老味道並不容易。肉粽中滷肉的關鍵是醬油，以前有個老伯伯的手工醬油香氣十足，可惜年紀大退休了，但吳冠廷用心尋找其他相似的醬油，堅持要維持古早味。另外，連蔥也堅持選用台灣蔥，不用便宜的大陸蔥，因為味道會不同。店裡的招牌是八寶肉粽，八寶不是只有八樣，而是多樣的意思。特製海鮮八寶肉粽裡面就有鮑魚、干貝、高級香菇、魷魚、扁魚酥、櫻花蝦、鹹蛋黃、栗子、瘦肉、肉燥，並選用上等長糯米，殿堂級的美味聽起來就讓人很想嘗一口。補充一點，因為八寶粽分量驚人，只用南部粽慣用的麻竹葉撐不住，還要用北部粽的桂竹葉來包，算不算另類的南漂呢？

　　吳冠廷是家族長孫，當時阿嬤抱著新生兒的他，彷彿看到了希望。吳冠廷從小就在店裡長大，放學後在店裡寫作業，顧客多時就去幫忙。因對餐飲有興趣，高中及大學都就讀餐飲科系。他笑笑說，做喜歡的事不會覺得勞累。由於責任使然，退伍後就回家幫忙。目前父親負責內場，自己負責外場管理。他謙虛地說自己還在學，給自己十年的時間去磨練。提到傳承百年的心法，上一輩不是刻意強求，而是順其自然，有心就會用心，因此才能世代傳承下去。

　　吳冠廷務實、體貼地提到，想給顧客更舒適的用餐環境；也想改善員工的作業環境，因為走進高溫的廚房就像進桑拿房一樣，在裡面工作都大汗淋漓，十分辛苦。關於味道，守住傳統美味當然是必要，但老闆也在積極創新，想包出第五代的特色肉粽，讓我們在懷舊中也拭目以待新鮮味。

・ **STORE INFORMATION**

🏠 台南市中西區民權路二段 71 號

📞（06）222-3577

🕐 10：00 ～ 20：00

再發號
百年肉粽
官方網頁

再發號
百年肉粽
Facebook
粉絲專頁

撰文 顏正裕　　攝影 顏正裕、吳佳芬

創立年分

1888 年

傳承秘訣

順其自然，苦心鑽研

特色

上知天文，下知地理

人氣招牌

宗教儀式各類紙品

重要事蹟

台灣第一間版畫店

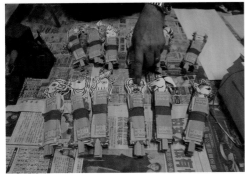

　　坐落在赤崁樓旁邊巷弄，門前的路幅窄到難以讓車輛交會，往赤崁街的方向看過去，映入眼簾的是高掛排列整齊的燈籠，「王泉盈紙莊」矗立在台南市區已經超過一百三十年了。清光緒 14 年，祖籍福建泉州的王家是地方的望族，遷徙到台南新美街（古稱「米街」）發展，除了紙莊事業以外，也將版畫雕刻引進台灣。

　　第三代傳人，也就是現任老闆王長春表示，當他民國 73 年接手家族事業時，附近有超過十間紙莊，看似競爭激烈的表象，其實彼此都會互相調貨，互通有無。隨著社會風氣改變，紙業無法提供一家溫飽之後，其他店家就紛紛歇業。至於為何「王泉盈紙莊」仍然能夠屹立不搖？王長春說：「我在接手之後就不做跟其他人相同的東西。」專門製作與廟宇、神明相關的產品，包括門神、庫錢、春聯等，也有雕版及門神相關版畫，整間紙莊就像「台灣宗教博物館」。他也很自豪地說，恐怕全台灣沒有比他更懂這個行業的人了，不僅考不倒，就連客戶想要的東西，店裡面也是一應俱全。

　　當然，這樣的自豪並非空穴來風。憑藉幾十年的經驗累積，以及曾經閉關苦讀古籍經典十六年的基礎，舉凡改運或信仰需要準備的物品，包括草人、本命符

都能信手拈來。同時，面對台灣各種教派的需求，王長春說自己並不會探人隱私，但能夠從客戶的問題判斷對方的來意。如果察覺對方的惡意或心術不正，他就不會隨意把東西賣給對方。

目前王泉盈紙莊的員工大約十個人，年資皆已超過二十年，因此跟王長春也已建立完美默契。王長春主要負責準備材料，他從上游廠商購買紙張、交給印刷廠印製圖樣、送到員工家裡組裝、最後成品放在倉庫。他認為「勤」是最重要的工作準則，雖然跟廟宇相關的行業有淡季（農曆 4、5 月）、旺季（農曆 10 月開始到過年）之分，不過純手工的產品必須耗時三至四個月才能完工，因此需要在年中開始預備過年的商品，而商品準備的分量愈多愈好，根據經驗，無論提早準備的量有多少，年底還是會全部賣光。如果只是少量購買，仍然可以在店裡詢問一下。

訪談的過程中，偶爾有幾位年紀較長的鄰居經過，老闆也還會跟他們說上幾句話，一邊把玩店裡的商品。當被問到「接班人」的問題時，老闆顯得有點無奈。民國 73 年接手時，那是個晚輩無法拒絕的年代，他只說：「上一代人不希望這個行業消失。」於是拋下原本的夢想，投入紙莊生意。雖然現在生意大不如前，他也努力守住現有的店面，至於兒女是否要繼續經營，王長春說得淡然，他並不忌諱談論生死的問題，甚至認為自己已經有一半踏入棺材。雖然自己固守前輩留下來的傳統，但他不用同樣的傳統限制下一代；反而是「聽天由命」，認為總會有一條解決的路。

王泉盈紙莊店面並不算大，紙類產品也相對輕薄，但它蘊含豐富的文化，乘載超過百年的記憶。

◆ **STORE INFORMATION**

🏠 台南市中西區新美街 171 號

☎ （06）227-6839

🕐 08：00 ～ 21：00

王泉盈紙莊
Facebook
粉絲專頁

STORE. 05

南部 SOUTHERN TAIWAN

度小月
擔仔麵

TAINAN 台南

吃巧不吃飽府城經典點心

照片提供／度小月擔仔麵

撰文／攝影　吳佳芬

創立年分

1895 年

傳承秘訣

堅持堅持再堅持

特色

百年祖傳獨家肉燥搭配鮮美蝦湯

人氣招牌

擔仔麵

重要事蹟

榮獲米其林綠色指南推薦。名列國際美食網站
TasteAtlas（美食地圖）之全球百大最佳傳統
餐廳榜。

照片提供／度小月擔仔麵

⊕ 度小月說文解字

很多顧客來到這裡，都會問：「你們是不是姓度，妳是不是小月？」第四代傳人洪貴蘭都回答：「我不姓度，也不叫小月。」很多人會誤以為度小月是人名，但其實是來自先民唐山過台灣辛苦耕耘生活的故事。

照片提供／度小月擔仔麵

洪家祖先渡海來台，當時的人靠山吃山、靠海吃海，由於來到安平五條港，為了顧肚子做起捕魚運貨的生意。但是從清明到中秋，梅雨多颱風多，海象不好，無法出海捕魚，是討海人的小月。為了度過小月，洪家祖先開始在岸上做起小生意。竹擔賣食方便，於是放上肉燥、高湯及調味的醋、蒜頭、香菜，挑起扁擔沿街叫賣。

小月過後，會把擔仔麵收起，再回去捕魚工作。後來擔仔麵生意漸佳，又考量出海的風險，於是 1895 年第一代洪芋頭先生落點在水仙宮廟前賣麵，就是為了度過小月才來賣擔仔麵，因此取名為「度小月擔仔麵」。

⊕ 吃巧不吃飽，點心老饕嘗

照片提供／度小月擔仔麵

老一輩的人說點心的分量就是小小的，吃飽飯後到五點前，大約下午兩、三點，給勞力活的人墊一下胃，但又不會讓人飽到吃不下晚餐。擔仔麵被歸類於點心，吃巧不吃飽是一大特色，因此碗小小的，湯少少的。老饕的吃法是，先捧起碗來聞香，嘗一點肉燥，啜一口高湯，再攪拌均勻大快朵頤，留著一口湯，最後品嘗精華 ── 海鮮味、肉燥香、醋提味，回甘甜。

有些顧客誤以為是乾麵而不喝湯，真是可惜。湯是用海鮮熬出來的，尤其是蝦子的鮮味，色澤濃郁偏紅。盛盤時，先將麵捲放在碗中，放上香菜，舀上肉燥，加點蒜泥，淋上高湯，最後是畫龍點睛的鮮蝦。香菜綠、鮮蝦紅、肉燥濃，顏色彼此襯托，彷彿是一場視覺饗宴。有別於一般台式小吃，最後才撒香菜，擔仔麵先放香菜，讓肉燥的熱氣更能將香菜味釋放。

⊕ 好奇心重的童工

洪貴蘭自認從小就是童工，身為六個小孩中的老大，幫忙家裡最多，由於好奇心重，凡事喜歡湊一腳幫忙，覺得有趣，不以為苦。家裡要用大灶煮肉燥，她就幫忙拿柴刀劈柴。阿公認為鴨蛋最香最好吃更營養，所以選擇滷的是鴨蛋，她也要幫忙剝蛋殼，還要幫忙剝蝦。

在家裡，她會觀察大人們剁肉，沒絞肉機前，大人輪流處理。在店裡，她會站在小椅子上幫忙洗碗。後來，因應顧客需求開始做罐頭。早年移民華僑對國外食物吃不慣，很懷念度小月肉燥，於是阿公就開發肉燥罐頭。從早到午，大人剁肉煮肉燥，放入罐頭放涼。小孩放學後，幫忙壓罐頭。

印象最深的是，約十歲時，西螺七崁電視劇的兩位大明星來店裡買罐頭，一時緊張到一片空白，而且店裡剛好都沒大人，鎮定下來後，還是倒茶問候，從頭到尾招呼，罐頭裝禮盒、放禮紙、綁紅繩再算錢，送走大明星後，洪貴蘭鬆了一口氣，覺得自己完成了一件了不起的大事。

⊕ 美味傳承，堅持與感恩

所謂士農工商，擔仔麵是油湯生意，更是商業的底層，即便辛苦，身為長子的爸爸，第三代的洪振銘，還是繼承家業，並堅持做到最好。說到傳承，早期產業都是傳子不傳女，洪貴蘭後來悟出一個道理：這並非自私，而是為了保護女兒不因為利益問題而成為婆家及娘家的夾心餅乾。但爸爸說：「阿蘭，我是現代的爸爸，頭腦思想跟著變。妳要接，我就教妳；妳不要，就作罷。」洪貴蘭因為在這個家庭長大，有很深的感情，於是決定跟著爸爸學。

爸爸不講重話，只會多鼓勵，做給爸爸嘗的時候，他會回一句「還可以」。看似簡單，自己做就知道沒那麼容易。最嚴格殘酷的考驗來自於挑嘴的顧客。有

一天顧客上門，開口第一句：「妳爸爸幾點來？」，當時掌廚的洪貴蘭很受挫，臉紅又羞愧又氣惱恨不得躲起來，冷靜下來後，她回答顧客：「爸爸十點來。可是阿伯，爸爸以後也會退休，難道您以後就不吃擔仔麵了嗎？您要不要試試看我煮的。」由於好勝心強，把這位顧客當老師，每次來都煮給他吃，問哪裡還可以改善，來了十次，直到第十一次，阿伯說：「可以了。」她當場掉眼淚，終於被肯定了，也不失爸爸的面子。

事後，洪貴蘭問爸爸，為何老顧客都要吃你煮的，不吃我煮的。爸爸回答：「師父領進門，修行在個人。」洪貴蘭當時並不了解原因。她很感慨地說，當爸爸在的時候，很多細節沒問清楚。爸爸過世後，靠著留下的味道及作法來思考，才發現火候不是那麼簡單能控制。還有麵條、麵湯，以及肉燥的關係，這些都是功夫，要靠經驗，無法言傳。高湯也有黃金比例，多一點醋就會酸、多一點湯就會變淡。爸爸說以前顧客會尊重老闆的專業，感謝老闆用生命做出一碗美味的麵，用感恩的心來品嚐，珍惜店家的用心。而老闆會感謝顧客給予機會用手藝做出一碗麵，這是互相尊重、互相感謝的氛圍。

⊕ 拉下鐵門，找出最佳蝦

產業外移時，養殖業沒落，養殖運送時會用藥，所以她一掀鍋，就覺得湯頭香味不對，整鍋湯倒掉。倒了很多鍋湯，甚至建議顧客吃乾麵。但後來想想，沒高湯就失去擔仔麵的精髓，洪貴蘭還曾因此打算暫時休業，去各個菜市場找尋食材，但因為太挑剔，得罪很多攤。後來，在網路上找到東北角海岸地區的無毒蝦，但可能因為運送過程有問題，蝦尾顏色就是不對，之後才在台南找到合適的無用藥養殖蝦。她認為「吃食」是良心事業，一定要堅持把關好食材。

✥ 旗艦店處處見巧思

　　會開這間旗艦店，是因為老店太小，顧客擠在桌旁顧桌，夏天等得滿頭大汗。洪貴蘭心想：「吃一碗這麼有文化意義及故事的麵，為什麼要讓顧客這麼委屈？」於是開這家旗艦店，寬敞舒適的空間，讓顧客悠閒品味優雅的點心。除了招牌擔仔麵外，利用國宴餐的概念，開發多道台菜料理，還親自拜託台南在地老店，並提供府城經典小吃，讓顧客可以一次吃到各式府城美味。

　　店裡設計十分具巧思，展示百年文化的傳承歷史，例如：招牌燈籠、肉燥鍋、壓罐器具等古早器皿、用具。另外椅子也有巧妙之處，必須照顧各年齡層的顧客。最後，擔仔麵的工作檯依舊，上方是爸爸煮麵的照片，洪貴蘭最大的心願就是好好守著這家店，堅持把東西做好。百年老店的秘訣無二，就是「堅持堅持再堅持」。

• STORE INFORMATION

中正旗艦店
- 🏠 台南市中西區中正路 101 號
- ☎ (06) 220-0858
- 🕐 11：00 ～ 14：00、
     17：00 ～ 20：30

其他分店資訊

老鋪本店
- 🏠 台南市中西區中正路 16 號
- ☎ (06) 223-1744
- 🕐 11：00 ～ 20：00

度小月擔仔麵　　度小月擔仔麵
官方網頁　　　　Facebook
　　　　　　　　粉絲專頁

普濟殿前
黃家米糕栫

府城限定普渡祭品

照片提供／李青純

撰文／攝影　吳佳芬

創立年分

1905 年

傳承秘訣

看似簡單的原料與步驟，同心協力按基礎踏實地做好每一步，經驗累積的傳承使其完美

特色

將糯米與白糖，透過繁複工序，做出敬天愛神的普渡祭品

人氣招牌

米糕栫（原味及八寶）

重要事蹟

府城限定，全台獨家，世界僅存的普渡祭品

照片提供 / 李青純

⊕ 何謂米糕栫

　　米糕栫，「栫」一字，中文音同「見」，閩南語音同「欠」。米糕栫為府城獨有祭品，簡單來說，是將甜米糕置入栫桶內，經熟成時間而成米糕栫，米糕栫只有糯米跟白糖，原料看似簡單，做法和故事卻一點也不簡單。

　　黃家第一代黃塗原是從事米粿製品，後因府城的輪普習俗，開發出米糕栫。輪普亦即輪流普渡，農曆 7 月 1 日起，府城舊城區的大小廟宇輪流祭祀普渡，而傳統市場則因 7 月要忙著販賣供品，8 月才開始普渡。抱著對神明、祖先虔誠敬意的心，普渡要用最好的供品，糯米和白糖當時很珍貴。第三代黃銅山師傅說，因此阿公發想，把糯米和白糖攪拌在一起，再用木板封存塑型，形成六角形米糕栫。也因府城有錢，才負擔得起如此奇巧的供品點心。正式文獻的記載可回溯到 1918 年（大正 7 年）的《臺灣日日新報》，三郊，例如：糖郊，也就是現今的商會，有黃家米糕栫的紀錄。

⊕ 熱鬧的廟埕，今昔對比

　　早期廟埕是很重要的民生經濟交流活動中心，普渡也是一年一度的大盛事，熱鬧非凡。黃銅山回憶起，阿公、爸爸及師傅們每年農曆 7 月前後就在普濟殿廟埕前做米糕栫，當時製作的量很大，除了新市的老師傅們外，左鄰右舍也來幫忙。黃銅山小時候就幫忙洗栫板、曬栫板，也覺得很有趣。從小看到大，在耳濡目染下，也一頭鑽進米糕栫的家業中。

　　直到 2016 年，普濟殿旁興建了另一間廟，米糕栫製作空間被壓縮，後來轉移到台南北區的工廠製作，廟埕文化也不復以往，不禁令人唏噓。隨著時代變化，府城大廟還堅持流傳已久的普渡時間，不曾改變，如三百多年的普濟殿的普渡日固定在農曆的 7 月 23 日，然而小間廟宇為了配合信眾時間改為週末。

　　除了農曆 7 月輪普外，建廟或建醮時一定要普渡，通常在下半年 9 至 12 月舉行，要提前一至兩個月前預約，師傅才來得及安排製作米糕栫，也由於米糕栫象徵著步步高升，數量愈多，聲勢愈浩大。此外，神明生日時，有些大廟會訂十來隻上百斤的米糕龜及一隻三、四百斤的超級大米糕龜來慶祝，場面也很壯觀。米糕龜在其他縣市有加黑糖，色澤較深，但府城的米糕龜是純白色，早期也象徵著府城人的闊氣，用得起上好的白糖。

✣ 同心協力，人與人的信任感

　　黃銅山笑著說這個產業最迷人的地方是人與人的信任感。米糕栫的製作過程繁瑣，很耗費勞力，也需要彼此默契的配合，才有辦法完成。

　　農曆 7 月，清晨四點，新市整個莊頭幾乎八成的人都出動，騎著腳踏車，一路來到了府城的普濟殿廟埕協助製作米糕栫。只要老師傅一來，黃銅山就輕鬆了一半，講好要做多少量，工作順序大家都熟稔於心。領頭的師傅，就像樂團的指揮，從容不迫，帶領大家和諧默契地完成米糕栫。師傅們汗流浹背的從早忙到中午才休息，一天可做上幾千斤的量。不管是做工的師傅，還是賣米和糖的店家，甚至是載貨商行，都是從阿公那代，就開始一起合作，一代傳一代，情誼深厚。在這裡，人跟人之間有長久深刻的羈絆連結與互動，黃銅山真誠地說，這是份需要感情的工作。

　　米糕栫的原料簡單只有兩樣，因此標準嚴苛，只用高品質的舊長糯米和特砂白糖。製作過程為，前一晚先浸糯米，隔天一早用特製炊斗蒸熟糯米，要炊熟但不軟爛。糯米在炊煮的同時，要用大鐵鍋熬白糖，熬成糖蜜狀。接著將熟糯米和糖蜜倒入拌桶中，兩、三個人拿長木棍攪拌，確保每一粒糯米均勻沾裹到糖蜜，又要保持粒粒分明不能糊掉，黃銅山特別強調，不能用機器，會破壞口感。待稍微回涼後，三個人分工合作，一個人舀起米糕，遞給另一個人，他得站椅子上將米糕倒入八尺的米糕栫柱中，另一個站梯子上用長木棍將米糕壓實。栫板中放有栫心保持穩定好搬移。另外有些細節可看出前人的智慧，倒入米糕時，米糕栫柱的窄口在下，寬口在上，重力可將米糕壓得更緊實。小米糕栫柱的栫板內還刻有花紋，是對普渡祭品的用心。另外，木頭可保溫，散熱不會太快，能維持米糕的香 Q 口感，要放三天熟成才算完成。

　　普渡時，將米糕栫立好，打開六片栫板的其中一片，露出純白的米糕栫擺放好，表示對神明見天立地的敬意。開栫也是一大盛事，先平放，將栫板一片片拆

照片提供／李青純

開，此時的米糕很黏、很Q、很紮實，師傅要用身體力道和巧勁才能分切，信眾也會很期待分享美味的米糕栫。不得不補充一下，傳統米糕栫就是白色原味，但阿公為了特別感謝普濟殿王爺一路以來對黃家的庇佑，特別開發了八寶米糕栫答謝王爺。

✤ 米香心誠永流傳

黃銅山提及，在麵粉還沒大量進口前，都是米製品點心，例如：甜粿、鹹粿、發粿。麵粉大量進來後，有了許多延伸商品，例如：祭祀用壽桃包及各式麵包糕點，但因食品選擇太多，所以米製點心逐漸被取代，漸漸沒落。

以黃家為例，民國85年前還可維持幾萬斤的量。更早期，銷量更大。雖然餅店有兼作米糕祭品，但是黃家專門做米糕栫，府城普渡的米糕栫，八、九成都來自黃家，也因為供應府城廟宇都不夠了，所以沒有銷到別的縣市。

1998年，黃銅山接手時，米糕栫已不如以往的輝煌，十幾斤大支米糕栫，一般人買不了那麼多，也非必要的民生食物。後來，為了因應小家庭，推廣小分量的真空包裝，並配合健康的潮流而少糖。有些年輕顧客看到不知道是什麼，但在品嘗後，會回憶起小時候曾吃過這味道。

除了普渡祭品外，黃銅山也努力推廣米糕栫成為府城伴手禮，並舉辦體驗工作坊，讓民眾了解製作過程的辛勞及廟埕文化。米糕栫是府城獨有，背後也蘊含了府城歷史人文和宗教的文化，如果消失了，相當可惜，對於黃銅山而言，最大意義就是一定要繼續傳承如此珍貴的米糕栫文化。

• **STORE INFORMATION**

🏠 台南市中西區普濟街84號

☎ (06) 228-1992

🕐 不定時，請先私訊臉書或電洽

普濟殿前
黃家米糕栫
Facebook
粉絲專頁

STORE. 07

南部
SOUTHERN TAIWAN

TAINAN
台南

食在福製麵

報恩的府城懷舊鍋燒意麵

撰文／攝影　吳佳芬

創立年分

1906 年

傳承秘訣

專業服務，多角化經營

特色

全鴨蛋製作的鍋燒意麵

人氣招牌

鍋燒意麵

重要事蹟

第一家把意麵做成文青風的伴手禮盒，且
外銷至五、六個國家；也受知名藝人青睞
代工生產

⊕ 製麵起家，靠著鍋燒意麵揚名

　　第一代最早是在台南佳里鎮三合院做手工紅白麵線，再送去當地市場販賣。第二、三代也延續此作法，但因麵線銷售減少，便增加生麵的製作與販賣。第四代結婚後，搬到台南市區。約三、四十年前，鍋燒意麵崛起，他們也嗅到商機。比起生麵，鍋燒意麵更方便、更好保存。相較於台南關廟麵利用曬乾來保存，鍋燒意麵則是利用油炸方式。當時花了三年才研發出鍋燒意麵的技術。而第五代老闆林東弦約六、七年前接手，著重專業及服務，目標在轉型及多角化品牌的通路經營。

⊕ 從戲院旁小市場到 ISO 認證工廠

　　林東弦提起小時候的回憶，印象最深的是父母永遠很忙、很累、很辛苦。清晨四點，父母就前往市場擺攤做生麵，大約五、六點就陸續有主婦光顧，做到中午收攤。當時在台南麗都戲院旁的小菜市場，生意很差，一天用不到半袋麵粉。後來由於鍋燒意麵的興起，中午收攤後，下午父母在家研發製作鍋燒意麵，只有晚上才有稍許時間跟小孩見面、相處。而鍋燒意麵逐漸帶來許多商機，他們也開始在台南國民路搭了陽春鐵皮屋工廠做麵。

　　由於生意擴產，更於 2018 年在台南安平工業區興建廠房，並取得 ISO 及各項認證。光是設備就好幾百萬，也借了很多錢，母親那時候最多同時標三十個會。林東弦接班後，父母退居幕後，但也常來工廠巡視及幫忙。林東弦著重專業及服務，尤其在網路推廣品牌，透過多方通路鋪設，例如：線上及實體賣場、客製化服務，同時也經營店面。海安路的鍋燒意麵店有別於一般小吃店，而是網美店，店裡的裝潢擺設是從事過網拍的太太的傑作。

照片提供 / 食在福製麵

⊕ 美味秘訣一二三

　　食在福鍋燒意麵的好品質，來自原料的堅持，尤其是選用全鴨蛋製作，成本比市面上產品高約四、五成。林東弦進一步解釋，關於蛋的選擇可分好幾個等級。最差的是化學合成的蛋粉，其次是蛋液，再來是雞蛋，好一點的會雞蛋和鴨蛋混用。但他堅持，用全鴨蛋才有香氣及 Q 勁道。另外，為了確認鴨蛋的品質，是與政府檢驗認證的養鴨場單一契作，避免禽流感的風險疑慮。鴨蛋的價格，就像股票漲停，波動大，但因為與客戶談好價格，多餘的成本也要自行吸收。

　　另一個美味的秘訣在於發酵，麵體要經過兩、三個小時發酵，油炸後，麵條中間空心，會吸收湯汁。而其他家有些為了節省成本，沒有時間發酵麵條，中間實心，味道不易扒附，且久煮不爛。最後，林東弦將父母研發的麵體，進一步開發為黑白中三色，依油炸程度區別，各有不同口感及美味用途。黑麵體耐炒、耐煮、不易斷，適合炒鱔魚意麵，可以沾裹醬汁，又不會過於軟爛。中麵體則適合鍋燒意麵；喜歡口感較 Q，也可以搭配黑麵體，外送時泡湯也可撐較久而不軟爛；白麵體則較平價，適合預算有限的顧客。

照片提供／食在福製麵

除了麵體外，鍋燒意麵的湯頭調味包也是與廚師朋友經多方嘗試才研發出來。由於成本高，因此價格較貴，林東弦會跟顧客說明食材的細節及用心之處，並附上檢驗證明，除了吃美味，也能吃安心。也因此餐飲店願意選擇他們家的麵，也是認同一分錢一分貨的好品質。

⊕ 服務至上，麵麵俱到

秉持著服務至上，面對顧客的種種要求，林東弦也是盡力滿足配合。甚至有些顧客比較刁難，例如：一箱一百粒意麵，發現一粒碎掉就要求退貨，或是用了二、三十粒，發現一粒碎了一角賣相不好也要退貨，但他還是都會退給顧客，寧可自己吸收成本，也不希望顧客認為被拗。此外，他自信地提到能做到一條龍的服務，滿足客製化需求，全部處理到好，除了麵體，也有調味包、醬包的配合廠商、包裝運送的合作業者，更與連鎖通路及超商業者合作出麵食伴手禮盒。

現在藝人流行賣乾拌麵，有位知名藝人試了七間麵工廠，最後選擇了食在福，林東弦驕傲地說自家技術好，用料也特別，開發出該位藝人想要的麵體口感。說起新冠疫情的影響，反而是帶動宅經濟，銷售成長八倍。另外，老闆也很強調轉型，並積極想往海外拓展，希望不論是海外華人或是外國人，都能嘗到滿滿台味的懷舊國民美食。

⊕ 報恩與傳承

其實林東弦在接手前，也是有過一番內心掙扎。從小看父母如此辛苦勞累，一開始是不想接班，後來因為結婚，想給家庭穩定的生活。另外雖然孩子還小，但為了傳承下一代，他也帶領經營團隊，把事業基礎打好，期望孩子接手會更順遂。對林東弦來說，接班的最大意義是報恩，因為在長大後才知自己是養子，所以為了回報養父母含辛茹苦的養育之恩，他一肩負起百年製麵事業的重責大任，繼續前進。

• STORE INFORMATION

地 台南市中西區海安路二段 98 之 1 號

電 (06) 215-0332

時 11：00 ～ 15：00、16：30 ～ 21：00

食在福製麵
Facebook 粉絲專頁

STORE. 08

南部 SOUTHERN TAIWAN

TAINAN 台南

府城
小南米糕

專注提升品質的百年竹葉米糕

撰文／攝影 吳佳芬

創立年分

1907 年

傳承秘訣

持續進步，兼顧內在與外在

特色

提升食材與品質，包入家鄉味

人氣招牌

竹葉米糕、櫻花蝦米糕

重要事蹟

連續三年獲得府城十大伴手禮；蟬聯兩屆
金馬獎宴會指定米糕

⊕ 從繪畫的手變成做米糕的手

第三代老闆黃慶珍回憶起小時候的故事。他出長在北港村落,生活貧困,小時候喜歡繪畫,沒人指導就畫得很好,老師覺得很有天分,還說以後可以當畫家。但爸爸質問:「畫畫會飽嗎?」,於是小學還沒畢業就來台南幫忙家裡的米糕生意。阿公在舊時東門圓環附近,騎著腳踏車賣米糕,爸爸、哥哥也在幫忙,黃慶珍一開始會幫忙洗碗。後來東門圓環拆遷,爸爸跟哥哥轉移陣地賣米糕,黃慶珍趁此機會落跑,他十五歲就去台北找大姊,在台北圓環附近討生活,因為沒有其他技能,選擇在小吃店幫忙,學做滷肉飯、五香肉捲及肉羹。閒暇之餘重拾畫筆畫畫,也努力讀書進修,但因為離鄉背井生活很節儉,還曾因為讀書讀得太累流鼻血,所以後來就沒有繼續讀書。

⊕ 接班不易

當時黃慶珍在台北賺了很多錢,但二十八歲時大哥希望他回來台南接班,他本來不願意,且心情很複雜,但後來去卜卦算命說可以回來,他最後還是回來接班。沒想到,後來房子燒毀了,賠了很多錢。親戚幫忙找了一個亭仔腳,每天早上四、五點就推著小餐車去賣米糕,賣了幾年之後,店面要收回,再加上那時也結婚了,生活壓力重擔大。幸好在附近找到一個店面出租,繼續努力打拚。黃慶珍又將米糕包裝送去參展,獲得眾多獎項肯定,更成為連續兩次金馬獎宴會的指定米糕,還是招待國際外賓的國宴米糕,也深受大老闆及名人喜好。

黃慶珍回想,回台南接班遭受一連串打擊,幾乎把在台北賺的錢賠光了。但是憑藉米糕的好口味並重新包裝參展,生意才逐漸回升。他最得意的是,曾經可以將米糕做到外銷至香港、澳門,直到含肉食品禁止出口才沒有做。

⊕ 古法製作,品質加倍

黃慶珍自接班以來,保留阿公的傳統作法,但食材的品質不斷提升,也開發不同的品項。米糕的糯米選用的是雲林西螺長糯米,品質佳、口味好,炊米用的是前兩代留下之後又修補的傳統木桶及大灶,意義很重要。早期食材選擇較少,黃慶珍一直提升品質、口感,肉燥從一開始的肥肉,換到瘦肉,現今選用的是旗山黑豬肉,會越嚼越香。

此外，黃慶珍自認對東西開發蠻有一套的，除了原有的米糕，還開發出肉燥罐頭、彌月油飯及櫻花蝦米糕。百年的竹葉米糕，有著香 Q 的糯米、古早味肉燥，配上花生、小黃瓜、香菜，還有虱目魚鬆增添風味，用竹葉包裹是因為早期的包裝選擇有限，且竹葉不僅環保也能增添香氣。後期開發櫻花蝦米糕，選用東港櫻花蝦增添米糕的口感層次，結果大受好評。此外，古早味米糕也能讓思鄉遊子懷念家鄉味，一解鄉愁。有位顧客分享，在台北讀書時收到媽媽寄來的米糕，眼眶都紅了。

✛ 品牌重新包裝再出發

黃慶珍最驕傲的是，將小南米糕的品牌重新包裝，並發揚光大。談起品牌打造，他也是下了一番苦功夫。黃慶珍參加過許多台南市政府舉辦的專家演講，例如：品牌的包裝、品質的檢驗、如何讓消費者看到產品會流口水。聽不懂就問別人，他比人家更認真，也會激勵自己，專業也隨之提升。有時候太累會打瞌睡，但是一聽到包裝方法，就精神抖擻起來很專注。美術是一種靈感，包裝也是一種靈感。

有人問：「你都沒有讀書，參賽怎麼都可以擊敗大學生？」黃慶珍說，就是因為小學都沒畢業，所以在學東西時，會比人家更認真。也因為兒時畫家的夢想跟樂趣，使得他在包裝的美感上更追求，不僅請專人設計，自己也給予很多建議積極投入。黃慶珍認為，東西好吃還不夠，包裝要好送出去才有面子，也因此小南米糕也是台南知名伴手禮之一。

• **STORE INFORMATION**

🄰 台南市東區大同路一段 189 號

☎ (06) 213-7718

🕙 10：00 ～ 20：00

府城小南米糕
官方網頁

府城小南米糕
Facebook 粉絲專頁

南部 SOUTHERN TAIWAN

台南

STORE. 09

府城百年
木屐老店

帶雙木屐送給荷蘭朋友

撰文 蔡昕芸　攝影 吳佳芬

創立年分

1907 年

傳承秘訣

手藝就是一種堅持

特色

刨工最純熟，用上乘功夫做出木屐弧度

人氣招牌

林兩傳醫師設計的矯正木屐

重要事蹟

顧客將店內的木屐當成伴手禮，從台灣帶到荷
蘭送給朋友

　　台南西門圓環矗立一間百年木屐行。充滿典雅的老店，在印象中，我們總會稱為日式風雅，店面不大，卻帶著文靜的氣息，兩排鞋架擺著不同顏色的木屐，再往內，右邊是各個花色的緞帶，而正前方，則是展示著特殊造型的木屐樣式。

　　拜訪時，老闆娘鄭百玲很爽朗地請筆者找張椅子坐，原先沒什麼概念，找個小板凳要坐下時鄭百玲笑著打斷：「啊，那個位子是老闆的！」，「原來如此！」筆者恍然大悟地回完，她接著說：「這樣吧，妳坐這，老闆坐寶座！」不只鄭百玲友善健談，老闆郭宗興更似一位說書人，侃侃而談，將自己的經歷與故事描繪地栩栩如生。

✤ 木屐興衰史

　　身為第三代木屐師傅郭宗興，在他的印象裡有幾段故事：日治時期的阿公是童工，跟日本人學習製作木屐的技術。台灣光復初期，一直都是純生產的。但國民政府來台，為了去皇民化運動，一把火將木屐燒毀。直到四〇到六〇年代，店裡生意才又逐漸振興起來。自郭宗興懂事起，生意就非常好，一天可以出貨十袋

之多，一袋裡頭有兩百雙木屐。等到成年，七、八〇年代的泡綿興起，木屐成為沒落產業，那個年頭大多是夫妻檔買台機子，利用少量的訂單生產木屐，但訂單減少之後，連店面也一間間結束營業，包含郭家也只剩五間。

對於這樣的興衰，郭宗興解釋：「塑膠泡棉，是軟的，所以走路會跟著上下起伏，也就是正作用力；但是木材是硬的，走路的力度是相反的，叫做反作用力，不會跟著你上下起伏，人們就會不習慣。對生物來說，就是吃軟不吃硬，大家都願意選擇輕鬆的方式，因此木屐的需求大量減少。」

為了謀生存、順應當下的產業趨勢，八〇到九〇年代，鞋行不只出產木屐，什麼都賣，郭宗興說：「英雄牌我們家還代理呢。」直到民國 100 年，因為塑化劑事件，大家先把木屐不好的地方擺一邊，而從健康的角度切入，讓木屐成為養生的代表之一。「塑化劑事件確實救了我們。」他感慨地說。

在泡棉開始進入，並成為鞋子的主流材料之後，正值年輕的郭宗興對於這種虧本事業並無經營的意願，直到自己的生意在高峰之後跌入谷底的失敗，才慶幸還有家族事業，所以正式著手繼續經營木屐事業。郭宗興說：「妳知道嗎？雖然很多人都認為木屐是日本傳過來的對吧？但其實，木屐並不是日本進來的，從很早以前的中國文化，木屐甚至是高級份子穿的。」在歷史溯源，其實日本之所以盛行木屐，是隋唐時期的遣唐使和留學生帶回日本，就連茶道、花道都是，而春秋戰國至秦朝時期，更是一般人都能穿著的鞋款，到唐朝依然也很流行，才會成為傳入日本的一個文化。

✥ 腳踏實地才是穩定

深信因果論的他，在城鎮變化和產業興衰裡，認為做什麼事，只要穩穩做，就能獲得平安與穩定。「之前三十年前的失敗，」郭宗興頓了一下說，「我三十歲賺到我的第一個億，三年後全部沒有了。不可一世，大膽投資。所以失敗後才回到家裡，」他說著說著，似乎把我們帶入當時的情境，「以前我敢衝，但現在我們這個行業牽涉公信、牽涉損益，做多少算多少，沒有什麼大抱負。女兒來幫忙，做穩就好，做多少算多少。」

百年老店的規模為何不大呢？筆者懷著疑惑的心情詢問。郭宗興解釋雖然工廠有七人，但運一棵樹來工廠，到製作鞋底就需耗費四個半月的時間。第一刀裁下去就要六、七天；再者，木材陰乾非常重要，為了確保水分確定有蒸發，採用自然陰乾法，如果略過這個步驟，刀片就容易壞掉，且沒有持續乾燥的產品會微微變形。在這之中，至少十五到三十幾道繁雜的工序，同時在師徒制的產業裡，即使現在有工具輔助，從新手到師傅至少也要半年。

✥ 鎮店之寶：一百年前的雨鞋

郭宗興帶筆者看著店裡最珍貴的商品：一雙棕櫚纖維做成的鞋子，這是一百多年前先民的雨鞋，菜市場、魚市場、餐廳師傅都會常常穿到的。棕櫚鞋的製作相當不容易：首先將棕櫚葉柄纖維抽出，打碎後把果肉和纖維分離，把纖維剪成絲，會打毛線就會編雨鞋。作為鞋底商的郭宗興說，鞋底打完就給老師傅編織，通常打碎後果肉分離的纖維，不能戴手套編，這樣編織的圖案不漂亮，可是還沒進水前的纖維很粗，容易將手刺傷。美麗與殘酷都在這雙鞋子上。在櫥窗裡和頂架上，靜靜的斜仰著，它的模樣讓人感受到一種以前師傅的偉大技藝。

✥ 好東西就要跟好朋友分享

說起最感動的事，郭宗興分享兩個印象最深的事情：塑化劑發生的一個禮拜，有位顧客來拜訪，是位在西子灣有別墅的大學教授，一次採購四十幾雙木屐，表示要把家裡的室內拖都丟掉，郭宗興當時很困惑 ── 有需要用到那麼多嗎？教授說，因為有各大專院校和校長來聚會，讓他們來拜訪的時候分享好東西。

有個節目叫做「一步一腳印」，他們將府城木屐百年老店的一生介紹得很詳細。節目播出的隔天，出現兩位約七十幾歲的夫妻，太太一進門便立刻抱怨，原定返回荷蘭前一天，先生在飯店看見節目介紹便將回國時間往後延，為的就是這間店裡的木屐。一問之下，原來先生在荷蘭開建設公司，與郭宗興一拍即合，兩個人暢聊許久，太太在一旁思考將木屐當成伴手禮。

先生離開前說了一句話：「以前都從荷蘭帶一堆木屐送給台灣朋友，這次終於很驕傲的從台灣帶一堆木屐送給荷蘭朋友。」郭宗興久久不能言語，回想起來很感動又很感慨。

台灣木屐的驕傲，確實要讓它真正聲名遠播，也讓這樣天然養生的好商品繼續發揚光大。

• STORE INFORMATION

🏠 台南市中西區西門路二段 318 號

☎ (06) 225-0372

🕐 09：00 ～ 20：00（週一公休）

府城百年木屐老店
Facebook 粉絲專頁

信二竹店

沒有夕陽產業，只有夕陽心態，
轉型不轉行的百年韌性

撰文／攝影　吳佳芬

創立年分

1907 年

傳承秘訣

以生命延續竹藝

特色

保留世界失傳的「包管竹」製作技術

人氣招牌

竹椅、竹花架、客製化竹藝品

重要事蹟

2018 ～ 2019 年連續兩年入選至東京的日本民藝館參展

　　第三代老闆王玊煇娓娓道來信二的歷史，彷彿就是竹工藝品的產業興衰史的縮影。第一代老闆是王玊煇的阿公，在 1907 年於台南府城的立仁路創立福泰竹行。於民國 49 年傳承給第二代，因三兄弟都從事竹藝工作，無法沿用福泰的店名，王玊煇的父親用日本名「信二」作為店名。民國 65 年，第三代開始接班，第二代退居幕後，而當時府城竹店已將近五十家。

✥ 轉型不轉行

　　每個行業都會遇到不同的瓶頸。接班隔一年，塑膠椅的出現使得竹店生意一落千丈，當時老闆自問，是否入錯行。早期工作都是為了生計，因為業績至少掉了一半以上，心想著一定要想辦法找到新出路，因而轉型不轉行，改變經營模式。

　　第一個轉型為花藝架構（花圈後面支架）、出殯用的花車架、告別式牌樓架。先前都是花店買竹子材料自己做，但綁不好又費工。於是，老闆製作了統一規格但不同尺寸的竹支架供花店組合使用，不僅如此，還幫忙繪圖設計。因此同行沒落時，信二在市場仍然一枝獨秀。

　　直到民國 75 年左右，因為時代轉變，婚喪喜慶儀式簡化，花藝架構因而沒落。於是有了第二個轉型 ── 展場布置的架構設計，例如：花藝展的竹架造型。

　　民國 92 年，南部花藝展數量減少，展場布置又沒落了。因此決定回歸本行，製作復古的竹家具及竹藝品。於是開始做廟會繞境的相關竹架，例如：放鑼鼓的三本鑼架、神轎前放香爐及花卉的香花擔。同時也回歸傳統的竹椅製作，現今則以客製化的訂單居多，隨顧客的需求和喜好製作。

為了跟上民國 92 年起流行的文創風，開始製作店內商品的縮小版，有正常尺寸的 1/8、1/16、1/20。其中最小比例為 1/20，約手掌張開大拇指到中指的長度，可想見需要極細緻的工法。大部分顧客會收藏或當擺飾，例如：茶藝店買縮小版椅子放茶壺展示。

⊕ 深受台日顧客喜愛

　　因曾在日本民藝館得獎，透過日媒報導，在日本享有知名度，外國觀光客以日本人最多。有的喜歡復古、稀奇、日本沒有的，有的喜歡實用的，溝通是用英文、比手畫腳及手機翻譯，也能理解。2020 年，在疫情前，幾乎每天都有自由行的日本觀光客，王壬輝還記得很清楚最後一位日本顧客是 2 月 10 日來的。

　　台灣顧客常問：「老闆，怎麼網路搜尋都只找得到你們這一家？」2013 年，因為兒子的幫忙，架設部落格、網站、Facebook 粉絲專頁，網路曝光度高，王壬輝不僅會用，還常會用 LINE 回覆顧客問題。有時顧客天馬行空，傳了照片想要類似的竹藝品，卻搞不清楚實心藤製品和空心竹製品的差別。王壬輝就會以專業的角度為顧客解說並提供設計草圖參考。

⊕ 竹藝技術的精進與傳承

1900 年，日本人徵召台灣竹藝師傅回國交流切磋，到底是去教還是去學，具體已無從考證，可確定的是，這批師傅回台後竹藝技術大幅精進了。第一代也隨之創立竹店。目前日本保存的竹藝技術主要在編織及庭園造景（例如：流水器及竹籬笆），但 1945 年竹家具技藝就已中斷。

第二代在光復後，由於物資匱乏，所以在當時流行竹屋和竹家具。第三代小時候就跟老爸學，做學徒就是一個苦字，如今也經過四十五個年頭了，談起竹子的意義，一開始為生活，後來做興趣，之後昇華為藝術。堅持竹子是最天然的素材，三十年前就堅持不上漆，因為漆有化學溶劑並不環保。談起更深層的意義，竹藝品就是將竹子賦予生命。

第四代是在 2014 年開始在店裡學習，當時他還在念大學二年級。目前是斜槓青年，正職是輪班的資訊工程師，在冷氣房動腦、動手指，其餘時間在竹店動腦、動手學習，無冷氣、無風扇，且需面對形形色色的顧客。現在學到四成多，還需三到五年的火候，希望之後能記錄工藝，傳承技藝。

走過約半世紀的王王輝認為，沒有夕陽產業，只有夕陽心態。如何把一個老行業經營起來，就是看經營者的心態，唯有堅持二字。保留傳統工法及工具才叫傳承，現今作法都在腦袋裡，也會要求第四代建檔，希望能代代相傳。

‧ **STORE INFORMATION**

地 台南市北區臨安路二段 90 巷 6 號
電 (06) 228-4128
時 08：00 ～ 19：00（週日公休）

信二竹店
官方網頁

信二竹店
Facebook
粉絲專頁

照片提供 / 信二竹店 ⋯⋯⋯⋯⋯⋯⋯⋯

盛發錫器佛俱行

低調奢華的錫器專賣店

撰文 顏正裕　攝影 吳佳芬、顏正裕

創立年分

1908 年

傳承秘訣

堅持販售質純的佛俱

特色

轉型純粹販售錫器店面

人氣招牌

八仙桌、龍角燈（龍鳳燈）

照片提供／盛發錫器佛俱行

　　想像在一個世紀以前，民權路（舊名建國路）只有現在的一半寬，加上東嶽殿的陰廟屬性，這個地方有許多奇怪的傳說。盛發錫器的老闆陳來定居於現址（民權路一段 141 號），起初以製作八仙桌為主，是台南第一間佛俱行。隨著道路愈來愈寬，廟宇林立之後吸引不少香客，台灣光復後，盛發佛俱行以龍角燈（龍鳳燈）為主要商品，傳承到第二代時再次轉為錫器，一直到今天仍屹立不搖。目前民權路早已拓寬，附近也已成為台南市廟宇密集的區域。

　　台灣並不產錫，必須仰賴馬來西亞進口。在過去，王公貴族都使用銀製品，一般民眾無力負擔如此昂貴的金屬，便以價格較低的錫代替。不僅顏色與銀相近，據說具有淨化水質、檢測毒性的功用。除此之外，廟宇或神明桌上的燭台、餞盒等器具也都用錫製作。如果是純度較高的錫製品，甚至還會泛黃光，色調看起來比銀製品還要柔和。只是錫器製作過程的風險極高，包括熔點低、容易產生有毒氣體、工法複雜，因此慢慢地也愈來愈少人願意承接這項行業。

　　從城隍廟、東嶽殿走過來的路上，發現民權路開著好幾間佛俱行，那麼盛發錫器佛俱行有什麼獨特的地方？秘密就藏在店名：「錫器」。老闆娘說著盛發以八仙桌起家，爾後專賣祭祀相關錫器，包括龍角燈、燭台、香爐等；雖然其他店家

亦有相同商品，甚至還多了雕刻品，但並非錫製。因此即使民權街上佛俱行林立，各自也都保有獨特性。

　　在錫器的鼎盛時期，曾經還會有外縣市的商人專程來批貨，現在則走向精緻化、客製化的路線。鄰近或外縣市的廟宇有需要時會打電話來訂購，再由店面配合的師傅製作。老闆娘說偶爾也會有年輕人上門購買錫製用品，但多半已經不是針對拜拜的需求，而是收藏目的。在這種情況下，雖然會請師傅依照顧客的需求設計加工，但主體造型畢竟牽涉到神明與傳統，基本上不會改變。演變至今，盛發錫器佛俱行的店面只剩一個錫器的櫃子，其餘空間則販賣銅製品或瓷器等。

　　營業已經超過百年的店面，不免會被問到接手的問題，第三代老闆陳冠宏繼承父業已經超過三十年，但於 2021 年初因病過世，現由老闆娘蘇家誼接手。兒子已成家立業，目前仍有其他工作。至於是否會再傳承下去，其實也沒人確定。不過幸好大部分的工作也是守著店面，製作器具的工作交給師傅。根據店家說，前幾年鄰近的國小會來這裡參觀，學習錫的知識與文化。同時，其他縣市的廟，例如：東港的東隆宮，曾經向他們借店內的商品回去展示，希望能將傳統的文化傳承下去。雖然「錫」並不局限於台南地區，包括彰化也有製作錫器的企業，但以用途上來說，中北部的製作偏向「藝術品」，而盛發出產的錫器仍舊有濃厚的宗教味。

　　採訪即將告一段落，隔壁鄰居似乎聽見我們的交談聲，過來探詢一下。蘇家誼這時候告訴筆者，「振發茶行」也是台南地區的百年老店。筆者不禁想著，跟相同的鄰居相處超過一世紀，究竟是什麼感覺呢？也許帶著一點安心，因為彼此都還在守護堅韌的傳統。

· STORE INFORMATION

地 台南市中西區民權路一段 141 號
電 (06) 220-3909
時 08：00 ～ 21：00

盛發錫器佛俱行
Facebook 粉絲專頁

連得堂餅家

窄巷中的限定美味—每塊都獨一無二的
日式手工煎餅

撰文／攝影 吳佳芬

創立年分

約 1912 年

傳承秘訣

堅持傳統，做久不做大，順應潮流，又
不隨波逐流

特色

使用傳統煎餅烤爐，手工製作，每一塊
餅都獨一無二

人氣招牌

味噌煎餅、雞蛋煎餅

連得堂的煎餅，口味簡單，主要是味噌煎餅及雞蛋煎餅，成分單純，包裝簡單，卻有著滿滿的餅香。

⊕ 餅香不怕巷子窄

連得堂位於崇安街，在清朝叫「總爺街」，為府城進出北門的要道，總兵官爺進駐，熱鬧繁榮。離此不遠，台南舊城區的北邊的「兵工廠」，是練兵及軍隊駐紮的地方。總爺街寬處可容兩台馬車會車，窄處至少一台馬車可通過。連得堂剛好位於崇安街最窄處，現今車水馬龍不復見，喧囂不再，唯有迷人的手工煎餅引來排隊人龍。

第四代老闆蔡偉忠打趣說，如果一般觀光客從台南火車站跳上計程車說要去連得堂，十個裡有八個司機可能不知道，但是說餅乾只能買兩包的那家，十個裡有十個都一定知道。蔡偉忠還分享真實故事，他的同學從美國回來，不知道連得堂從火車站走路就可以到，跟計程車司機解釋了半天，後來提到餅乾只能買兩包的那家店，司機就秒懂了。他笑說，這是自家餅店的一大特色—用「連得堂」找不到，要用「限定兩包」才找得到。

⊕ 連得堂的 LOGO，美麗的誤會

除了地點隱身巷弄彷彿成謎外，連得堂有三個有趣的謎團。謎團一，餅家老闆姓蔡不姓連。日治時期大正年間，第一代的蔡清連、蔡清得兩兄弟不到十歲就當學徒，在台跟日本師傅學做日式煎餅，早期挑擔子販賣，後來才在現址開業，第二代蔡讚以父輩兄弟名字中的「連」、「得」二字，取名「連得堂」。

謎團二，雞蛋煎餅上烙印的商標圖案，此山非彼山。蔡讚為了要將煎餅賣給駐台的美軍，因此請友人取英文名字，之後便直接拿去給師傅做模子，於是有了 Leng tih tong 及相連山峰的圖樣。很多顧客問那是富士山還是玉山，其實是美麗的誤會。蔡偉忠其實自己一開始也不清楚，直到有一位教授來，認為 Lêng tih tông

應該是連得堂的台語羅馬拼音。另外，推測 Lêng 和 tông 兩字的台語音調符號第五調 ^，可能誤打誤撞成為相連的兩座大山，因為有山，底下又多了草的紋樣來搭配。古有云「橫看成嶺側成峰，遠近高低各不同」，連得堂因是「近看成調遠成山」，才有獨樹一格的 logo。

謎團三，日式煎餅源自哪，就在日本九州處。蔡偉忠很喜歡去日本旅遊，但去了關東、關西只看到類似的煎餅烤爐，可是跟自家的還是不一樣。有個顧客分享，在九州曾看到一模一樣的煎餅烤爐，蔡偉忠想著以後要一定要去九州一探究竟。後來，有位教授提到，其實日治時代來自九州的日本人最多，他才恍然大悟。

✛ 作伙半世紀的煎餅烤爐

連得堂早期使用大烤肉架，底下燒木炭，架子上再放烤模烤煎餅。直至民國 50 幾年，阿公蔡讚為了傳承，才咬緊牙關以重金買下煎餅烤爐，要價兩萬元，當時的台南透天厝也才二十萬元，等同十分之一的房價，所費不貲，但很值得。許多媒體都是因這台烤爐來拍攝採訪的。煎餅烤爐是台灣師傅仿日式烤爐製造，並非進口，煎餅店家都用這種烤爐，但自動化之後，就不再留著烤爐了。連得堂至今仍堅持手工製作，特色是口感偏硬一點，另一個手工的魅力，是缺點也是優點，就是成品沒有一模一樣，因為手工烘焙，無法像機器達到完全一致的品質，煎餅的成色和風味會受烘烤時間、火候影響有所差異，好處是，可以憑君喜好，任君挑選，例如：喜歡焦香味的可以挑偏焦糖色的煎餅。

✥ 做久不做大，餅香永流傳

連得堂主要產品為味噌煎餅跟雞蛋煎餅兩種。味噌煎餅原料單純，配方是從第一代傳下來的，主要成分為麵粉、糖、水和味噌，當時也沒現在那麼多種食材可選擇，光是拿到麵粉就很了不起了。雞蛋煎餅開發較晚，約六十年之久，添加的牛奶和雞蛋早期也是比較奢侈的食材。味噌煎餅薄脆，甜味中帶點味噌的鹹香味；雞蛋煎餅厚實，多了奶香蛋香，還有趣味的 logo。

蔡偉忠認為，這個製餅產業有趣又好玩。在老店內做煎餅，跟顧客聊天互動是他覺得最有趣的地方，不同的人有不同的事情分享，也有許多來自顧客的暖心打氣。還有些故事，是顧客你說一點，他說一些，逐漸拼湊成真相，實在有趣。另外，隨著時代的變遷，蔡偉忠自覺運氣很好，都可以搭著時代的潮流列車隨之轉變。一開始是歸類為餐飲業，後來台南觀光興盛、小吃流行，被拉進小吃業；之後是傳統文化的產業，現今流行文創產業，也被歸類其中。連得堂順勢而為，但也有不變的事物，不隨波逐流，例如：沒有網站，有電話訂購但是沒官網訂購。

傳統配方，種類簡單，手工製作，每日限量，對蔡偉忠而言，老店的意義不是要做很大，而是要做很久，因此堅持傳統，使命就是要一代一代傳下去。

• STORE INFORMATION

地 台南市北區崇安街 54 號
電 (06) 225-8429
時 08：00 ～ 20：00（平日）
　 08：00 ～ 18：00（週六）
　 08：00 ～ 15：00（週日）

STORE. 13

南部 SOUTHERN TAIWAN —

TAINAN 台南

左藤紙藝薪傳

堅持把客戶要的東西做好

撰文 蔡昕芸　攝影 吳佳芬

創立年分

1915 年以前便已有「左藤紙店」的招牌

傳承秘訣

手工、品質

特色

世代手藝變化，結合民間傳統藝術

人氣招牌

王船醮紙、新舊紙厝製作、佛道禮儀紙料

說到左藤紙藝薪傳的由來，其實是有個故事的：早年，洪家祖先於清朝時期任職金門，後因朝廷旨意，才舉家來台定居。道司及紙紮皆為祖傳家業，道司幫往生者做法事也必須做冥紙厝的糊紙工作，後因兩部分的工作繁忙、無法兼顧，又不願同流於敷衍形式的業者，最後選擇專攻糊紙業。糊紙店原先並無行號，直到日治時期，洪家第四代洪錕鎔因長得像前日本首相佐藤榮作，多了個別號「洪左藤」，才開始有了「左藤糊紙製品店」的稱號。

　　「好好做，把客戶要的東西做好。」

　　身為洪家第六代的接班人洪國霖如此瀟灑地說。擁有百年基礎左藤紙藝薪傳，前兩代做官，從第四代才做金紙的生意，一直維持到現在。左藤紙藝薪傳位於台南市民權路一段上，公司空間並不大，四處可見材料及作品堆放，雖然有點凌亂，但是洪國霖還是很用心的去製作他每一樣作品。

　　洪國霖坦言，城鎮沒有變化是不可能的，一直維持到現在，地方上一定會改變。面對產業變遷，他傾向將紙藝走向藝術層面較多，並且一邊展覽一邊學習，比如說馬來西亞，傳統紙藝與藝術是需要不停交流才會產生火花。對洪國霖來說，不特別做其他宣傳，臉書主要就是張貼自己的作品，有機會出去參展、小學演講，靠著知名度販賣作品。

　　聊到學習的故事，他笑說：「我算是接手比較晚的，大概二十三、四歲才開始學，以前貪玩，時代進步嘛，年少大家都想去外地工作，我也不例外。但是朋友看我爸的知名度很好，建議我該接手，才不會失傳這門技藝，我也就開始進入學徒生涯了。」說完頓一下並說，「但是學了學，又會很不想學。」洪國霖邊笑邊無奈地說，作為第五代接班人的父親洪銘宏在教學上格外嚴屬，在作品製作期間做

照片提供 / 左藤紙藝薪傳

不對時也不會說，直到做完後才直接打掉，讓身為兒子的他學得特別痛苦，所以才學得斷斷續續，出師後說起這段過往也是非常難忘。

　　在接案子時，他也會希望顧客只要告訴他做什麼主題就好，請顧客不要限制太多，希望作品可以「活」，細節姿勢等等都讓師傅自我發揮。「囉嗦的顧客，我不接。」他舉例，當對方要求做關公，除了臉部表情是固定之外，手要怎擺、布料要怎麼延伸、怎麼皺褶才會讓祂看起來更威風或是更活靈活現，都是在製作期間想到的變化，如果被限制，這些作品就會顯得更為死沉，將一個死沉的作品端上桌，洪國霖並不樂見。他拿出一隻半成品的馬並且解釋製作原理 — 先是骨架，接著用報紙不停塑型，展現馬身的肌肉線條，最後再用油墨隔離上色。放在門口外的龍頭，他順道舉例，貼的技法也會因人而異，看多了，紋路都能看出來，骨感就不一樣，細部很重要。

　　在這門行業，洪國霖告訴我們，經營上還好，收入都差不多，往年生意案件最多的時候大概會集中在三個節日之前，分別是中元節、年底建醮，以及 2 月的天公生日。洪國霖還特別補充，以前民俗娶老婆時也會做天宮亭，但現在這個觀念式微，也就漸漸少了這個主題了。

　　糊紙術起源於漢朝，唐朝時廣傳於民間，唐太宗夢遊地府，看見十八層地獄，知道做哪些事下地府後會有什麼樣的遭遇，也跟人們宣揚道教，有信仰便不會作亂，同時將活葬品改成用紙糊陪葬。紙糊品一般用於很多場合，事實上九成用於喜事、一成才用於喪禮，不過因為大眾常接觸為喪禮的部分而有所誤解，包含從出生、成年、結婚、做大壽時，紙糊都能用到，更是廟宇慶典的重要角色之一。在台南，從出生、成年、結婚、做壽到最終死亡都會用到紙糊，只是現在年輕人不願這些繁雜的過程，導致只剩老一輩的人知道而已。

　　隨著多元社會，廟宇的活動不再那麼吸引大眾的目光，至於是否對於未來傳承等規劃，洪國霖笑說，現在單身還年輕，時間還長，先把手邊做好才是重點，但也因為時代變遷，傳統工藝也逐漸在社會上慢慢凋零，當愈多人看見，就是給工匠師的一種鼓勵。

‧ STORE INFORMATION

🏠 台南市中西區民權路一段 116 號

☎ 0953-585-884

🕐 08：00 ～ 20：00

左藤紙藝薪傳
Facebook 粉絲專頁

STORE. 14

舊永瑞珍
喜餅

百年堅持在地品味，台南中式喜餅首選

撰文 黑崎時代　　攝影 吳佳芬

創立年分

1917 年

傳承秘訣

堅持做好餅、堅持做好事

特色

鳳梨酥、魯肉餅、綠豆椪

人氣招牌

台灣傳統漢餅喜餅

重要事蹟

台南人嫁女兒中式喜餅首選

照片提供 / 舊永瑞珍喜餅

照片提供 / 舊永瑞珍喜餅

台南府城孕育了許多在地百年老店，穿梭於台南巷弄之中，從赤崁樓出發走向附近的祀典武廟，聞著吳萬春香鋪的手做香、畫上一筆又一筆手繪招牌的全美戲院，舊永瑞珍喜餅就在全美戲院旁，坐落於此，成為台南人嫁女兒的中式喜餅首選。

1917 年，舊永瑞珍喜餅由第一代張炎創立，因戰後缺少資金就與友人合夥，拆夥之後才改成如今的「舊永瑞珍喜餅」。生產的許多傳統糕餅與點心，像是涼糕、沙西餅、魯肉餅等等，擁有著許多傳統中式的大餅，就這樣在水仙宮市場旁開啟了台南糕餅界的新紀元。於日據時代中，水仙宮旁的地理位置良好，又是眾多人潮必經之地，舊永瑞珍喜餅就這樣慢慢地打開了知名度。於早期，結婚是人生的重要里程碑，當時結婚可說是人生大事，買個中式喜餅給各家親朋好友與村莊內人們分享，可說是慶祝雙方喜慶與紀錄最珍貴的生活模式。

舊永瑞珍喜餅於台南市區漸漸打開了知名度，之後張炎與朋友拆夥改名成現在的「舊永瑞珍喜餅」，與朋友的永瑞珍做為區別。台灣光復之後，由第二代張再興和張葉壽玉接手，才搬到現在位於全美戲院旁的位置。店內環境簡單整潔，架上放置許多的中式糕餅，像店內招牌的魯肉餅，堅持使用來自日本的花菇與後腿瘦肉製成香菇肉絲，每天早上處理食材，中午做好下午賣出，以這樣當天現做現賣的形式，收服了不少台南人與政商名流，每到了婚宴與祝賀之日，都會前來舊永瑞珍喜餅訂購送禮的這種傳統大餅，成為台南人口中有錢人才吃得起的餅店。

不僅是魯肉餅有如此堅持的好品質，像鳳梨酥不以土鳳梨酥為主，使用冬瓜與鳳梨汁的模式，打造出台南人最愛的口味。烏豆沙、綠豆椪、鴛鴦餅，依靠眾多三十年以上經驗老師傅的傳統手藝，堅持全程使用手工製作，不添加任何化學添加物和防腐劑的理念，每塊餅都是分量紮實，更是台南人嫁娶指定的中式大餅。

如今已八十七歲的第二代張再興，如今仍在舊永瑞珍喜餅店內工作，依然使用著最傳統的算盤計算著價錢。但現在的世代，隨著對於結婚送餅這個習俗，都漸漸地使用西式餅乾，已經較少有需求，送餅的分量也不如以往，這使得現在的舊永瑞珍喜餅，是否能延續上一代的文化傳承與開創新世代，就為舊永瑞珍喜餅目前最大的轉變點。

　　但第三代張瑞麟對於老店後續的經營卻有自己的看法，會想要以小眾文化的精緻路線，打造一個以文創為主的伴手禮市場，以符合現在年輕人的需求，「小而美」的可愛文青路線，希望呈現一個新的企業方式的轉變市場，從伴手禮、文創、結婚等需求，創造出國內外的廣大市場需求。但百年老店轉變方式與維持原有的理念，著實不易，要怎樣進行下一步的轉變與相關企業整合經營，更為舊永瑞珍喜餅未來的目標。

- **STORE INFORMATION**
  - 地　台南市中西區永福路二段 181 號
  - 電　（06）222-3716
  - 時　09：00 ～ 21：00

舊永瑞珍喜餅
Facebook
粉絲專頁

照片提供 / 舊永瑞珍喜餅

STORE. 15

南部 SOUTHERN TAIWAN

榮木桶行

TAINAN 台南

一直像竹子般
堅韌

撰文 蔡昕芸　　攝影 吳佳芬

創立年分

1918 年

傳承秘訣

堅持傳統，細膩手作

特色

客製化器具，讓顧客感受到溫暖

人氣招牌

檜木浴桶

重要事蹟

台南數一數二製作木桶的商家

公園北路上，總見綠燈的騎士呼嘯而過，紅燈時，我想駕駛者們才會瞟過，看向右邊那不算大的門面，卻會被四周擺放曬太陽的木製產品吸引到目光。

　　它是榮木桶行，擁有百年歷史的老店家。從清朝末年的祖父開始，一直到現在的王開弘與王炳文兄弟，歷經三代的時光。早期的榮木桶行以杉木桶為主，像是水桶、飯桶、尿桶等等，日治時期因國民的習慣，除了木桶之外，沐浴桶、竹蒸籠也成為榮木桶行的熱銷產品之一。在店裡，我們可以見到大小不一、尺寸不同、層層堆疊的蒸籠，依照不同用途：碗粿、年糕、包子、肉圓等等，蒸籠高度、厚度也會有所不同，依照不同顧客的需求，王開弘和王炳文皆會給予優質的建議，例如：店內不只是製作新的東西，當舊蒸籠底部的竹片都纖維化，只要周圍的木片還結實，會建議客戶，換竹片做維修即可，不必買新的。

　　這些年來，擁有老字號的榮木桶行，秉持著為顧客服務到好的初衷，透過口耳相傳、報章雜誌報導，並不做對外行銷，王炳文說，雖然民國六〇年代店址在民權路一帶，因為道路拓寬等因素而搬遷，所以才來到公園路上，但以後顧客找不到怎麼辦？所以即使後來店面遷居，也以公園路附近為主。事過境遷，城鎮變化是一定的，比如家庭在蒸籠使用上必須做出轉型，壽司、蒸飯、泡腳用途較多人使用，或是稍小扁狀的蒸籠可放置在大同電鍋裡，十人份與六人份的尺寸大小都有供應，但是原物料是目前最為無奈的事，以前使用有林務局編號、來源正當

的台灣檜木，現因政府政策關係，且材料仰賴國外，幾乎九成九都靠進口，如果可以使用台灣原料，一定會更具意義。

　　同時王炳文也跟我們分享木片的篩選，得先剖開、浸水幾天後再徒手轉動壓乾的模具，一片片的木片，在壓水出來後變得扁平，但有些因為纖維方向不同，在被壓的過程中發出清脆的聲音而斷裂，也就表示品質不良，之後把這些完成好的木片曬乾，就可以開始製作產品了。在傳承上，王炳文邊彎曲竹片放進圓形木圈內固定、邊笑著告訴我們，以前不會讀書，繼承與否都是長輩的意思，跟著學習，白天工作、晚上讀書，也就這樣一路走來了，但因為時代不一樣，現在不會強迫年輕人繼承，年輕一輩總會有他們的想法，走一步算一步，大概就是老店的意義吧。

　　回憶裡，王炳文最印象深刻的是有個顧客要求的蒸桶，以往蒸桶都會製作上寬下窄，以讓蒸氣在裡頭做最好的對流，但那位顧客卻要求的是相反的尺寸，上窄下寬，代表財源只進不出，非常有意思。因應現代文創禮品價值，王炳文從櫃子拿出兩三個精巧的小蒸籠，告訴我們不久前也做了不少送給來參訪的顧客，從以前到現在，民俗傳統的雙關意義：蒸龍雙雄、蒸蒸日上。

　　對王開弘和王炳文兩兄弟來說，把東西做好，就是榮木桶行最簡單、最重要的理念與價值。

· STORE INFORMATION

　　地 台南市北區公園北路 88 巷 1 號

　　電 (06) 252-3282

　　時 09：30 ～ 12：00、14：00 ～ 20：00（週日公休）

台南麻豆助碗粿

（商標註冊店）

碗粿的美味，舌頭會記住

撰文 巫傑能、吳佳芬　　攝影 吳佳芬

創立年分

1919 年

傳承秘訣

保存台灣老味道的堅持

特色

跟記憶一模一樣的味道

人氣招牌

招牌碗粿、阿喬師水粄粥

你有吃過碗粿嗎？在你印象中的碗粿是什麼樣的食物呢？

⊕ 各地碗粿大不同

位於台南市的麻豆助碗粿，是傳承於麻豆百年老店的第三代，配合宅配、電商，同時參加國內外展覽，致力於推廣傳統料理。作為台灣傳統小吃之一，碗粿的做法從北到南有百百種。中北部的客家碗粿呈現白色，常會加上蘿蔔乾、肉末等佐料，吃的時候另外配上醬油；而台南的碗粿則在製程中先加入醬油再蒸熟，顏色較黑。但這裡的碗粿是先炒完肉燥後加入米漿，在蒸炊的過程中利用肉燥滲出的色澤染成淡淡的褐色。

「因為剛開始來台灣的時候，客家、福州、漢人，各自有各自不一樣的吃法跟作法，到最後融會貫通變成一個獨特性的料理。我們的話可能是介於那個時代漢人的作法。」老闆阿德分享，同時講解各地碗粿的不同之處。客家的做法、閩南的做法、南北的做法，從將放置三年的舊米磨成米漿開始，炒料、調味、蒸炊的時間點便有各式各樣的差異，甚至台南市跟麻豆區的碗粿做法就有不同。

「這些老的東西，你要慢慢去溯源，研究他們的時代，去找他的門派從何而來，然後去了解你的產品，而不是單純照著做法做。承接這種老店，最開始是一種感動——藉由吃，把你大腦裡面的記憶馬上拉到了小時候的味道，然後就會開始循著這個味道去尋找小時候的回憶。」

早期的台灣經濟條件不好，加上被日本殖民的背景，台灣人大部分不被允許吃營養價值較高的白米，只能食用在來米。在那樣的時空背景中，在來米相對產能過剩的情況下，為了不浪費這些米，先人們才研究出將放置已久的「舊米」磨成米漿，蒸炊成「粿」的這種吃法，將多餘的食物與米漿倒進碗裡蒸熟，因此被稱作「碗粿」。讓吃食變得豐富，之後再根據地區性調整成每個地方適合的口味。

⊕ 傳統跌進時代洪流

再後來，隨著台灣的經濟狀況好轉，米飯漸漸普及成為餐桌上的主食，碗粿也轉變為傳統小吃、如點心般的存在。而其背後所承接的先人們的辛苦、希望家人能吃到更多不一樣料理的心意及歷史意義，也逐漸的被淡忘。

到了資訊發達、運輸交通普及的現在，各國美食相繼在街上展店，多樣的味覺刺激、華麗的外型、少見的特色料理以及「CP 值」逐漸變成了追求的主流，在網路上互相攀比，開始不停的擠壓傳統小吃想傳達的那些記憶以及情懷。

「賺不了錢啦。」阿德苦笑，「這些傳統的老東西要做到跟記憶裡的一模一樣其實很難，很不好學。很多國外的顧客來台南都一定會吃碗粿，他們吃了之後會開始懷念，他們小時候可能也有類似的味道，但在他們的國家已經沒有這種東西了。」

「其實也是想要台灣人能認同台灣的東西啦，太過容易取得可能就會忘記這些記憶及傳承也是非常美好的東西，這就是我們台灣原本的味道，我想讓大家都記得這個味道。」

⊕ 來店裡的第二選擇

除了碗粿外，店裡的另外一項招牌是「水版粥」。最開始的發想是為了大舅子 —— 也是阿德學做碗粿的師傅，因為生病的關係無法咬合，到最後連碗粿都沒有辦法食用。為了讓大舅子能嘗到熟悉的味道，做了各方尋找後才研發出來水版粥的基底，阿德稱其為「米糜」（台語音為ㄇ˙ㄇㄨㄞˊ）。

「它是米下去熬到沒有米粒，再結合很多虱目魚濃縮成的高湯。那種東西也是到最後去找像是老祖宗的智慧，它現在就是變成一個產品，就是一個水版粥。」

在過去的社會裡，貧窮人家的母親因為營養不良而沒有奶水可以餵給小朋友吃的情況很多，在那個時候，鄉下人會用虱目魚熬湯，再把濃縮成的高湯跟米煨在一起煮，讓營養濃縮同時具有飽足感，藉此取代母乳哺育孩童。結合過去的歷史背景，將以前的東西創造出新的東西及名詞，以此復刻老祖宗們的智慧，也是文化傳承的一個重要過程。

阿德還分享，現在台語的「ㄇㄞˋ ㄇㄨㄞˊ」比較像是小朋友吃的嬰兒副食品。在小朋友剛開始要熟悉咀嚼食物的時候，為了保護腸胃又顧及營養，以前的父母花費心思及大量的時間熬煮，只為了好好讓下一代能健康長大，是父母對孩子們的一種愛的表現。而ㄇㄞˋ的發音，也是模擬小朋友還沒有牙齒時發出的咬合聲，而發明的詞語。

　　「對於食物，你可能想不起來，但是舌頭會記得，腦海深層的記憶就會開始搜尋、浮現，我把它叫做味蕾的記憶。你會覺得熟悉，因為在你剛開始接觸吃的時候，你就已經吃過它了。這也是我為什麼堅持，因為對我來說很重要，想讓大家都知道這是台灣的東西，也是一種屬於我們台灣的味道。」

✥ 看似樸實，味道卻令人朝思暮想

　　碗粿上桌，可以發現被切了一角，這是老闆娘李京凌對吃法的堅持，因為她看到許多顧客不懂得吃碗粿，像挖布丁直接從中間挖下去很可惜，應該是像切蛋糕切塊再吃，最能品嘗風味，因此她才會先切一角示範。碗粿的米漿是用三年的舊在來米，完全不加粉類添加物，餡料用的是祖傳紅蔥蝦米肉燥、精選後腿肉及鹹蛋黃，遵繁瑣製程製作。但包裝上卻有創新，一般碗粿外帶都是方紙盒包著，很容易會碰撞擠壓，店家為了使顧客攜帶方便又保持碗粿的完整性，花了很多時間心力去開發碗粿的外帶碗，容量跟瓷碗一樣，耐熱可微波或電鍋隔水加熱，外帶宅配都很方便，在在顯示店家的用心。

　　李京凌特別分享了一個很感人的故事。有位旅居國外多年的老人家，住在附近的飯店，閑逛時看到店家的名字才走進去吃，他當下吃碗粿吃得非常緩慢。閑聊時，李京凌才發現老人家認識她阿公碗粿助，這碗粿勾起他深深的懷念，還講到眼眶泛紅，提到這輩子不知道還有沒有機會能回來一嘗這朝思暮想的味道。她也深受感動，要把碗粿的美味繼續傳下去。就如同高掛外牆的一句話 — 經典的風味，不僅要保存精髓，更要延續風骨。

• **STORE INFORMATION**

🏠 台南市中西區西門路一段 704 號

☎ (06) 215-7079

🕐 12：00 ～ 19：30（週一、二公休）

台南麻豆助碗粿
（商標註冊店）
官方網頁

台南麻豆助碗粿
（商標註冊店）
Facebook 粉絲專頁

STORE. 17

南部 SOUTHERN TAIWAN

鴻權蠶絲棉被廠

TAINAN 台南

手工訂製，蓋上一層溫暖的人情被

撰文／攝影　顏正裕

創立年分

1920 年以前，確切年分不詳

傳承秘訣

堅持手工製作，熟記客戶需求

特色

堅持半手工、半機械化製作，以純棉、天然蠶絲為原料

人氣招牌

蠶絲棉被

照片提供 / 鴻權蠶絲棉被廠

　　2020 年 7 月，台灣夏季的溫度不斷破紀錄，善化市區的飲料店出現排隊人潮，位於善化中興路市場內的鴻權蠶絲製棉廠，把希望放在今年冬天。

　　老闆林冠宇提到這間店的歷史，祖父當年會從將軍鄉挑著布料，一路走到大內、山上、新市等地兜售，如果有客戶需要棉被，則約定下次面交的時間。在原物料相對短缺的年代，布料或布行生意相當熱門。他回憶：「那個時候景氣很好，店家甚至會派車去車站接布商，請他們把布賣給我們。」對比現在布商可能需要逐間跑業務的辛苦，這個行業的景氣實在不可同日而語。

　　目前接手製棉廠已經超過二十年，林冠宇見證台灣棉被產業的興盛與衰落。他認為氣候是其中一個主要因素，過去的旺季會從農曆 8 月之後，大約中秋節過完，人們無論嫁娶、學生外出念書，都會向製棉廠訂棉被或蠶絲被，就這樣一路忙到冬季結束，春寒料峭或許還能接到訂單。如今就算是冬天，南部也很少再出現十度以下低溫。

　　除了暖化原因，社會消費型態改變也影響蠶絲製棉廠的生意。人們離鄉背井工作或唸書已經不再訂製棉被，而是購買輕薄、用完即丟的棉被。同時也因為手工棉被或蠶絲被的製作過程繁複，導致成本攀升而令人卻步，所以人們寧可選用較便宜的替代品。根據老闆的估算，如果從頭到尾製作一件蠶絲被的成本可能會超過三萬元，因此台灣的蠶絲被長期仰賴進口。

　　「美國棉商標」曾經占據台灣電視廣告一陣子，說明台灣棉花相關產品幾乎都是外國輸入。由於棉花產於較為乾燥的地區，因此包括美國、埃及、中國、敘利亞等地都是世界上有名的棉花產地。林冠宇說埃及棉的品質公認最佳，近年來

中國新疆的棉花也有急起直追的趨勢。於是他每年都還是會進口棉花，雖然量不大，但足夠應付每年手工的訂單。

　　林冠宇說曾經有顧客把蠶絲被帶回台北，沒想到在親戚間好評不斷，於是加碼訂做幾十件蠶絲被。百年老店不是仰賴鋪天蓋地的宣傳，而是口耳相傳；不是華麗的裝潢，而是樸實的歷史感。訪談之間雖然不斷感嘆時代變遷，以及榮景不再，林冠宇還是努力完成每一個訂單。回想當初接手的時間，他還在台北工作，父親打電話告訴他回家繼承父業的希望，心裡百般掙扎，但就像其他百年老店的第二、三代，考慮過後還是願意回鄉奮鬥。可貴的是，在需要人手幫忙的旺季，家人總會各司其職。

　　「為什麼不考慮聘請員工呢？」知道鴻權製棉廠的工作主要由林家人包辦，筆者還是禁不住好奇。其實所有的考量都在「成本」，現在冬天使用厚重棉被的機會減少，自然也不需要長時間待在工廠，人力只需要在旺季那段時間補足即可。訪談結束之後，老闆也帶筆者參觀製棉工廠，大約距離店面車程五分鐘。工廠內部空間並不大，正門進去之後右邊會看見一台製棉機，棉花從壓縮包裝打開之後，由機器打到蓬鬆，在搬進左邊鋪在大型木板桌上，由人工慢慢鋪成一條棉被。

　　工廠的工作條件並沒有到非常舒適，幾乎都是由上一代傳承下來的製作方式，跟顧客的關係也維持數十年了。雖然比不上大廠平均每天能夠生產上千件，堅持親手製作棉被與蠶絲被的鴻權，產量最多的時候每天也只有十五件。但是「物以稀為貴」，加上老闆與家人對棉花與蠶絲的愛，顧客們蓋上棉被其實都感受得到。

・ **STORE INFORMATION**

🌐 台南市善化區中興路 68 號

☎ (06) 581-9175

🕐 08：00 ～ 19：00

鴻權蠶絲
棉被廠
官方網頁

鴻權蠶絲棉被廠
Facebook
粉絲專頁

STORE. 18

福興號
蘇家冰店

南部 SOUTHERN TAIWAN ‧ 台南 TAINAN

早晚來碗冰，心涼脾肚開

撰文　顏正裕　　攝影　王倚祈、顏正裕

創立年分

1922 年

傳承秘訣

遵循傳統，創意開發與健康理念

特色

自製黑糖水、手工愛玉

人氣招牌

黑糖水、黑糖粉粿

照片提供 / 福興號蘇家冰店

你嘗試過在上午七點來碗剉冰嗎？善化市場有間百年的冰店《福興號》，早上六點半就開門，雖然不確定是不是全台最早營業的冰店，但也許可以挑戰早餐吃冰的紀錄。

⊕ 冰店起源與發展

福興號創始人蘇石頭，早先在高雄屏東一帶活動，當年在友人的勸說之下開始經營糕點的生意，輾轉到新化與善化販售杏仁茶與剉冰，早期的配料只有幾種蜜餞，淋上糖水，成為一碗消暑的甜品。

福興號最初位在中山路口，大約三十年前善化市場從木造改建成現在的大樓，冰店就落腳在側邊店 11 的位置。經過第二、三代的經營，雖然是百年冰店，仍舊維持小而美的店面，工作人員也幾乎是家族成員。福興號伴隨許多善化人成長。從過去的粉粿、粉條、仙草等常見配料，到現在還有豆類、芋頭、蒟蒻等，選擇愈來愈多樣化，但一碗冰的價格才四十元，可以說是物美價廉。現任老闆蘇柏翰說，有長輩會在早上起床到冰店購買配料，回去自製冰品。

善化市場屬於早市，在中午之前很多店就已經收攤，於是福興號延長營業時間，好讓下午或傍晚經過的顧客能夠吃到冰品。不過蘇柏翰後來觀察到一個現象，有些人只是「陪」朋友來吃冰，坐在旁邊乾瞪眼。後來福興號也準備幾種飲料，讓不吃冰的民眾也能有其他選擇。

照片提供 / 福興號蘇家冰店

　　住在台灣，大家對於剉冰的配料一定不陌生，舉凡仙草、愛玉、粉圓等，都是常見的東西。蘇柏翰也很用心準備這些食材，例如：愛玉是高雄來的、仙草是在地供應商提供。秉持著良心做生意，配料都是以原本的材料加工，而不會摻雜香料、香精，也許無法兼具「好看、好吃、精緻」的標準，但至少都是發自內心的誠意。顧客也能安心享用店內的產品。

　　店內主打的是古早味剉冰。至於「古早味」該怎麼定義呢？蘇柏翰認為是「長輩時期流傳下來簡單又不變的好味道」，在過去物資較缺乏的時代，早上就會準備一些簡單的食物，讓務農或做工的勞動者，可以適時充飢。現在店內仍熱門的品項 —— 粉粿，就是最古早味的點心之一。

　　福興號冰店的招牌是黑糖水。比起其他店家的糖水，福興號的黑糖水是熬煮過的砂糖，加入一定比例的黑糖。這項產品是第二代（也就是蘇柏翰的父親輩）根據多年的經驗所調配而成的，當然這樣的改變並非空穴來風。店家根據顧客的口味，調整配方與比例，嘗試很久之後才研發出來。

✤ 傳承與接手

　　提起善化的冰店，蘇柏翰說過去也有五、六間冰店，甚至自己的親戚也在這裡開了冰店，但終究因為無人接手而收起來。被問到當初接手家業的心情，蘇柏翰很捨不得地說其實是心疼長輩努力一輩子的事業，如果因此而消失，是很可惜的一件事情。所以在自己還能夠奮鬥的時候，延續長輩的志業，於是在民國 99 年

的時候正式接手福興號。自己從小就在冰店長大,也當過小幫手,輪到自己做也還算習慣。即使到現在,母親偶爾還是會在店裡幫忙。

接手之後遇到的第一個困難就是起床。還年輕的時候,要凌晨四、五點起床並不是簡單的事情。而且跟長輩經營觀念不同,如何調整與平衡則是另一個難題。但蘇柏翰的心態非常正面,新舊交替本來就會出現摩擦,問題出現才是創造新思維、新方法的契機。

除了經營方式以外,廣告行銷是新世代的重點。上一代可能專注於冰品內容,但在時代變遷下,蘇柏翰開始透過不同管道推廣福興號,例如:臉書專頁、平面採訪等等,如何再把福興號的名氣傳播出去,也許是他經營的重點之一。

✥ 收益大於利益

目前福興號還是跟市政府承租市場的攤位,每天早上六、七點開門,如果配料提早賣完就早點休息,不過通常營業到下午五點。被問到會不會想擁有自己的店面,蘇柏翰說他的確有這樣想法,但租或買下一個店面,也是不小的開銷;再者,換個地方營業也會影響到原本的顧客,或者需要開拓新客源。蘇柏翰還觀察到,店面推出的冰品期待目標朝向精緻化,但跟目前顧客的選擇、飲食習慣及店內風格仍有落差。所以即使有過這種想法,目前還不會執行。

目前仍然由蘇柏翰夫婦撐起這間店,在感謝長輩幫忙之餘,他們也還不去想該如何交棒給下一代,畢竟孩子年紀還小,未來隱藏不少變數。現在他們能做的就是穩住福興號的招牌,他認為做生意不只是看「收益」,而是能讓品牌跟消費者創造「好的連結」,如好味道的傳承與推廣,及與顧客的良性互動等,希望顧客吃到每一碗冰的同時都能開心滿足,這就是福興號的心意。

• STORE INFORMATION

㊀ 台南市善化區中山路 377 號(善化市場)店 11
☎ (06) 581-8504
🕐 07:00 ~ 16:00

福興號蘇家冰店
Facebook 粉絲專頁

STORE. 19

南部 SOUTHERN TAIWAN

**大菜市福榮小吃
阿瑞意麵**

TAINAN 台南

減法再重來的人生

撰文 顏正裕　攝影 吳佳芬

創立年分

1923 年

傳承秘訣

減法與不執念的人生

特色

雞蛋與高筋麵粉調製的麵體

人氣招牌

意麵、餛飩

採訪定在晚上九點半，這是大多數人已經在家休息的時刻，老闆葉瑞榮才剛關店回家。十五歲接手這間店，日常營業十三個小時，現年六十六歲的葉瑞榮透過電話聽起來的聲音卻沒有一絲疲倦，依舊能細數已守護超過四十年的麵店過往。

⊕ 減法與不執念的人生

最早的阿瑞意麵並不是意麵，第一代老闆葉蟳開辦飯桌之前是經營武術館，爾後因為徒弟愈收愈多，加上開始傳統「飯桌仔」生意，於是順便供應給武術館。第二代老闆接手後以麵食類為主。接著第三、四代便承襲過往的作風，保持傳統與原味，以「自己不敢吃的就不要賣給別人」為宗旨。阿瑞意麵不僅是在地人，也是觀光客到西門市場要品嘗的美食。

葉瑞榮接手之後並不是一帆風順，他的人生曾經失去很多，但這反而讓他看淡挫折，懷抱著輕鬆的心情面對挑戰。民國 80 幾年的時候，葉瑞榮曾經當三個朋友的保人，沒想到他們在同時間出狀況，一賠就是將近四千萬的債務。即使是放到現在，對大部分人來說都還是天文數字，葉瑞榮只能將家裡的房子賣掉抵債，努力還債。

受訪時葉瑞榮說「曾經擁有，不要執著」，他變動的速度要比時代更快，將自己拉出傷心的泥沼。擁有健康的身心才是打拚未來的基礎，也不能讓自己的心情影響到麵店生意，更不能將悲傷帶給上門的顧客。

⊕ 阿瑞意麵的變化

現在除了在店裡煮麵，葉瑞榮還會抽空到社區大學或監獄教課，用自己的人生經驗鼓勵處於迷茫或尋找方向的學生。也許人如其店，起初阿瑞意麵不只是意麵，早期還有花生粽（台南稱為「菜粽」）跟肉燥飯。在過去以農為主的時代，阿瑞意麵的附近是一座果菜批發市場，顧客多為來批發的農民，秉持著讓他們吃飽為原則；後來台灣人的飯食習慣逐漸改變，首先停賣花生粽，後來民國 73 年也不再販售肉燥飯，只專賣麵食。

在口味的調整方面，葉瑞榮說十三年前就已經不再使用味素，以二砂代替。這樣的改變來自於目睹一位甲狀腺腫大的顧客吃到含有味素的食物，引發心悸，

正巧到阿瑞意麵的攤位休息。當然,從味素改成二砂之後,老饕們的味蕾能夠精準嘗出不同的甜味,聽過故事之後,好在大家都很支持這個決定。

⊕ 經營理念

「少即是多」這句話完全可以驗證在阿瑞意麵上。已經累積固定的客群,準備的食材分量變動也不大,在以前還有肉燥飯跟粽子的時候,也必須思考該如何調整販售比例才能消化掉當天的量。葉瑞榮抱持著「己所不欲、勿施於人」的心情,過去每天使用當天現煮的白飯,也因為店裡還有其他食物可以選擇,所以容易剩下白飯跟粽子。粽子可以放到隔天,但隔夜飯再蒸煮過容易變黃,影響美觀。自己也不願意吃隔夜飯,雖然可以加到當天的白飯,但這違背阿瑞意麵的宗旨,所以慢慢地就減少餐飲品項,將心力投注在意麵上。

台南意麵有什麼特別?跟一般的麵條不同,台南意麵是熟麵,阿瑞意麵的麵體是以雞蛋與高筋麵粉混合而成,接著下鍋油炸,再加料下鍋煮,吃起來特別有嚼勁;另一項熱門商品則是餛飩,內餡使用梅花豬肉、科技中藥與蔗糖,外皮則是高筋與中筋麵粉調製,口感相當紮實。

現在阿瑞意麵部分生意也交給子女,由下一代繼續守護。看過台南市區的起落,「大菜市」附近的淺草新天地帶來不少熱潮與觀光客,而葉瑞榮並不擔心這家店未來的走向,他也不強硬插手經營策略,因為跟著時代變遷調整才能走得長久。

• **STORE INFORMATION**

地 台南市中西區國華街三段 16 巷 25 號
電 (06) 221-2805
時 08:00 ~ 21:00

大菜市福榮小吃阿瑞意麵
Facebook 粉絲專頁

STORE. 20

南部 SOUTHERN TAIWAN

錦源興

TAINAN 台南

用設計從新定義
下個百年

撰文　林玉萍　　攝影　吳佳芬

創立年分

1923 年

傳承秘訣

以在地文化為基底，透過少量多樣的印花
產品，打造百年布莊新風貌

特色

融合印花布料、印花文創小物與藝文風格
展覽，重新演繹百年布莊風華

人氣招牌

各式印花布料及周邊商品

重要事蹟

印花系列產品曾榮獲 Golden Pin 金點設
計獎、OTOP 產品設計獎

1923 年日治時期由外曾祖父所創立的布莊，在家族戮力經營之下，於光復初期達到事業頂峰，成為當時台南規模數一數二的紡織業界霸主。然而隨著時代變遷，產業外移，經營轉趨困難，「錦源興」三個字日漸淡出台南人的心中，而在 2012 年悄然歇業時，也鮮少人得知此消息，惋惜之情並不那樣濃厚。但在全球疫情最為嚴峻的 2020 年，身為第四代子孫之一的楊子興，竟夾帶著無可救藥的浪漫與從個人生活的劇變、旅行所汲取的勇氣，加上自身的設計專業，重啟錦源興之名。

⊕ 輕輕放下百年布莊歷史包袱

專訪楊子興時，第一個問題便以「百年布莊」的名號展開，詢問其是否有著接班人與復興名號的巨大壓力？「不會，我不會強調我是接班人，而是錦源興的負責人。」家族裡也未有任何人要求他再次重振家業，只是對設計有著高度熱情的他，認為錦源興仍有一些故事可以以設計的方式延續下去，因此沿用舊名。「錦源興布莊、錦源興生活、錦源興空間」的開始沒有任何過往的資產與包袱，與前人的布料產業也有所區隔，是專屬於這位「小老闆」的全新品牌與實驗場域。如今店裡偶有當時在布莊工作的老員工們前來敘舊，他們在新基地彼此問候，一同展望這個年輕人的未來。店面二樓仍然賣著由楊子興親自設計的印花布料，以此方式向過往致敬。

然而他對有「歷史」的事物仍保有著難以言說的情懷，即使身為七年級生的他總被形容為「old school」也不以為忤：在台北求學時，福和橋下的舊貨店便是他經常到訪與破費之處，同學總笑他又再收集破銅爛鐵了；瀏覽老屋出售網站也是他的日常，而在決定回到家鄉台南創業時，剛好看見曾是台南最為繁榮的區域，竟有著 3.7 坪、六十年屋齡的透天三層樓店面出售，而吸引他購入的原因竟是那復古的地板與樓梯！那僅距離中正路十步之遙，與國華街只有二十步之遠的凋敝街區，無人敢於走進，但他心中的藍圖正要於此一一落實。

⊕ 少年浪漫頭家從心出發

研究所畢業後，二十七歲的他與兩位朋友在台中合資創立設計公司，經營四、五年後，業務漸趨穩定，專案規模也日益加大，但他卻陷入迷惘：為了打拚事業，

生活僅在公司與租屋處的寂寥與封閉、身為獨子與年事漸長的父母的照顧、對台南的地緣眷戀，使他動了返鄉的念頭，但最重要的其實是「我那時候明確知道我當下死掉我會後悔，我人生的一個目的沒有達到，我對開創這件事很有興趣！」

以顧客需求為導向的設計再也無法滿足他：「顧客想要華麗風，我就畫華麗風，要極簡風就畫極簡風，但其實都不是我要的風格，不是我個人可以實驗的地方，你看我已經浪漫到我為了想做專輯裝禎設計，我自己發一張專輯，自己有多瘋？」而這設計也在最近獲得 2021 金點設計獎，浪漫終有代價。

✥ 印花珍品裡的七年級史觀

七年級誕生於台灣經濟轉趨平淡、數位尚不普及時代裡，許多物品乘載著過往的美好，也都被楊子興一一從集體記憶裡喚出，例如：經常出沒於廟會、辦桌、選舉場子的「人客來坐」塑膠紅椅凳；「見山是山，見山不是山」的藍色不抗噪鐵捲門內面，與富士山意向加以連結，符合那個後來可以透過網路看見外面世界的世代的想像力；「正港台灣味」的藍白拖，則彷彿要補充教科書的不足，那是在物資缺乏的年代，由軍隊代工的產物、藍白色乃映照青天白日國徽。這冷知識，讓看似尷尬、毫無美感的理工男流行拖，瞬間成為時代與國族的高貴產物。

手機裡頭還有著數十張印花等待轉印至各種作品之上，回顧並發現日常生活的美好，近代史認為這可稱作是七年級生的小確幸，而楊子興口裡的「這個品牌是認真的、幽默但不搞笑，這是個有溫度的品牌。」更是有如七年級生的集體人格。而商品盡量保持低庫存，近期也試圖把蚵仔殼融入再生布料裡，以更友善環境、珍惜地球資源，也代表了七年級生的宏觀與永續的史觀。

✥ 小老闆與 3.7 坪的極致與無限

一人公司的工作日常是：設計印花、連絡製作廠商與品管、實體店面銷售與臉書小編、大學兼課、各種演講與交流；3.7 坪的空間利用則是：一樓販售各式商品、二樓賣布、三樓藝廊。附帶有如金線一般完美結合這人與建物的「錦源興藝文獎助計畫」，將藝廊免費提供給創作者舉辦個人展覽，小老闆楊子興還毛遂自薦幫忙做出藝文特刊報導，以及在錦源興的粉絲頁上行銷推廣，除了細膩的文字書寫助攻之外，還啟動了線上看展覽的直播服務，對藝術的推廣有著令人難以理解的熱衷。

為什麼要做這麼多呢？「因為不是每個人都有機會走進藝廊，而這些藝術家的作品對我的設計來說也有許多的幫助，也許也為我提供了設計的養分。」疫情期間，他還曾從事小型的社區導覽活動，連結產官學，邀請當地十二個店家加入，引領人們再度走進這個富有歷史意涵、錦源興所在之處、擁有可愛名字的雞朝街區。

✥ 錦源興的下個百年

　　2023 年，會是錦源興這個名字存在於地球上的第一個一百年，但楊子興已經在人生的各種經歷中淬鍊出永恆的思考，「人類的時間是假的，當一個力量產生時，你相信它是永恆的，就可以變成永恆的。不管你當中發生了什麼事情，就是預備下一件事的養分。每件事情都是安排好的。」

　　這其中包括由這個善於觀察周遭、敢於不同、不斷反思因而堅強、因而細緻的設計之子接手。透過他的努力與日漸累積的口碑，日前已逐漸獲得與高雄電影節的聯名，共同推出專屬的手提袋，以及愛好設計者黃子佼先生的節目專訪與個人自發性的推廣行動，天助自助者。

　　錦源興的下個百年，會是用藝術創造改變，與眾人一同打造真正的美好生活。

• STORE INFORMATION

🏠 台南市中西區中正路 209 巷 3 號

📞 (06) 221-3782

🕐 10：00 ～ 18：00（週一、二公休）

錦源興
官方網頁

錦源興
Facebook
粉絲專頁

照片提供／錦源興布莊

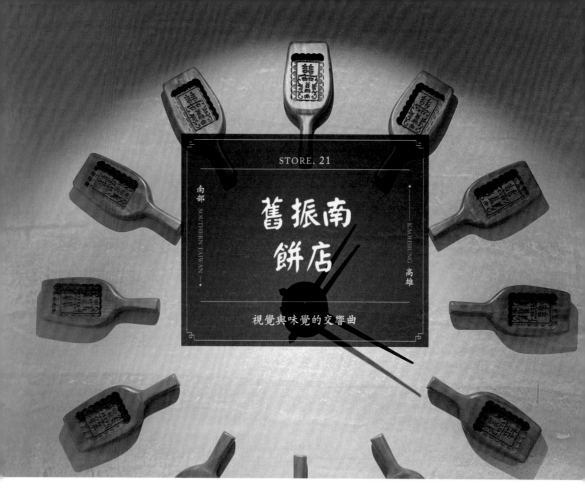

STORE. 21

舊振南餅店

南部 SOUTHERN TAIWAN — ● ● KAOHSIUNG 高雄

視覺與味覺的交響曲

撰文／攝影　顏正裕

創立年分　1890 年

傳承秘訣　新舊碰撞，跨界與在地合作

創舉

漢餅文化領航者

人氣招牌

綠豆椪、鳳梨酥、喜餅

重要事蹟

傳承百年手工製餅技藝，將漢餅的精神價值，演繹在送禮哲學上，讓每一份舊振南禮品，都能觸動送禮者與收禮者的內心。舊振南，將台灣味道與在地特色推廣到世界各地。

JIU ZHEN NAN
SINCE 1890

✛ 緣起：「舊」的意義

原本為「振南製餅舖」。爾後店內學徒學習技術之後，自行開業的時候常取名「新振南」、「正振南」等。於是原本的振南製餅舖在前面多加一個「舊」字，不僅代表正宗，也是一個正字標記。「舊振南」名號的使用至少可追溯至 1940 年代開始，店裡面收藏著七十年前顧客拿回來的禮籃，上面便已經有「舊振南」的字樣。

所謂的漢餅，分為三種餅皮類型奶酥皮、清仔皮和油酥皮，並可依據餅皮的特性與口感，搭配多種不同風味的內餡，因此雖然是三種餅皮做法，但搭配不同的內餡就可以創造出十幾種的變化。

說起受顧客喜愛的產品，包括中秋節必吃的台式月餅綠豆椪，或者婚慶必備的香菇滷肉口味大餅等。內餡都是費時熬煮的祖傳秘方，自然成為舊振南的招牌特色商品。同時，在對食品安全的重視下，舊振南製餅已經將無水奶油取代豬油，並嚴格挑選食材，少糖少油，不添加防腐劑。

✛ 從扁擔挑的大餅到設計精美的喜餅禮盒

過去大家庭的社會，吃喜餅都是「斤斤計較」，動輒五斤重的大餅放在禮籃中用扁擔挑著去迎娶，近年來，隨著時代與飲食習慣的改變，舊振南也將喜餅的產型逐漸縮小，並結合特色的印章與模具，搭配具有設計感與精緻化的喜餅禮盒，成為吸引更多年輕人喜愛中式喜餅品牌。

✛ 難題與轉折

舊振南工廠符合 ISO 標準，由於原料跟配方都已經固定比例，生產過程已經可以機械化操作，人工的地方在於揉麵團、包餡料、烘焙等手工技術，這些依舊仰賴師傅的經驗。舊振南有部分資深師傅退休之後，轉型成顧問，幫忙監控品質，而新進員工大多是烘焙相關科系，因此學習能夠很快上手，即使錯誤也能盡快調整。在製餅人才難尋的現代，舊振南透過公司福利或教育訓練等計畫，培育或留住各種人力資源。

若提到舊振南發展歷程，不得不說起 1992 年。當年在現任董事長接手之後，有計畫地拓展不同銷售通路，成為第一個進駐百貨美食街的糕餅業者。高雄 SOGO

百貨是一間日商經營的企業，正在尋找在地代表的品牌進入，因此舊振南便開始在百貨公司推出喜餅。2007 年台灣高鐵通車之後，舊振南也打進車站商場，進一步貼近旅客的生活環境。

在公司內部的制度上，舊振南希望能持續關心會員，不僅僅是過去門市填寫的會員紀錄表，而且將資料數位化，導入 CRM 系統整合全台門市的資訊。如此一來，便能掌握顧客的喜好，以及追蹤購買意願等。

五感體驗的漢餅文化館

2016 年舊振南漢餅文化館在高雄捷運大寮站旁邊落成。與百貨專櫃及高雄總店不同，文化館主打「體驗型場館」方向，由於占地面積較大，因此內部還設有餐廳、展覽廳，以及體驗場地等。雖然糕餅銷售的高峰主要是大節慶（包括過年、中秋節等），但文化館考慮到時下流行的親子手作體驗，家中或許沒有相關設備，材料準備也不容易，因此舊振南推出讓民眾能夠自己烘焙糕餅的活動；同時節日規劃跟節慶相關的活動，例如：元寶造型的鳳梨酥、好彩頭造型的綠豆椪、寫春聯，一邊玩一邊認識台灣的節慶。

如果是第一次進入漢餅文化館的顧客，也許可以從綠豆椪著手；想推薦給國外友人，可考慮鳳梨酥，一來是鳳梨酥可較長時間存放，同時舊振南現在也與高雄大樹地區的小農合作，鳳梨均是在地生產。未來也會持續拓展合作對象，例如：與大學進行地方創生計畫、抑或鳳山地區的景點串聯等。

期望舊振南百年老店能繼續在地方紮根，以充滿活力與多變的商品吸引更多民眾。

· STORE INFORMATION

舊振南漢餅文化館
🏠 高雄市大寮區捷西路 298 號
☎ (07) 701-8586
🕙 10：00 ～ 18：00（週一公休）

舊振南漢餅文化館
官方網頁

舊振南漢餅
文化館 Facebook
粉絲專頁

STORE. 22

南頭河麻油

KAOHSIUNG 高雄

即使斜槓也不馬虎

撰文／攝影　顏正裕

創立年分

1891 年

傳承秘訣

良心

特色

依古法製造，文火焙炒，保存芝麻的原味

人氣招牌

純正黑芝麻油、清芝麻油、芝麻醬

重要事蹟

一點一滴、初心不變、傳承產業

照片提供／南頭河芝麻

◈ 南頭河麻油的過往

　　對於台灣人來說，冬天來碗麻油雞湯或吃碗麻油麵線，絕對是暖心暖胃的選擇；女性坐月子的時候也能用麻油燉補，調理身體。因此麻油在台灣人的日常生活，一直扮演重要的角色，卻常被忽略它的重要性。

　　位在高雄美濃的南頭河麻油，在當地營業超過一百三十年。採訪當天正好遇見第四代老闆吳政賢在炒芝麻，一進門就聞到濃濃的香氣。已經交棒的老闆吳重雄與幾位朋友在門邊聊天，他告訴筆者過去他們很常就煮幾道麻油料理，圍在桌邊與左鄰右舍東南西北聊著。其實，南頭河麻油也曾經面臨關閉的危機，原因在於製作麻油的過程太費工夫（總共需經過炒熟、散熱、過篩、碾碎、隔水加熱、包膜、榨油、二榨、沉澱等九個步驟），而長時間待在工廠裡面忍受高溫，吳重雄原先不忍心讓自己的小孩繼續生活在這樣的環境，加上社會不斷變遷。只是已經習慣在這裡買麻油的顧客經常問道：「你們家麻油還有在賣嗎？」也讓吳家重新考慮傳承的問題。

　　最後，第四代吳政賢決定扛起這份責任。他依舊擁有自己的事業，利用空閒時間到美濃工廠製作麻油，原因也是現在製作麻油的部分過程已經能夠用機器取代。工廠裡面的榨油機便是吳重雄製作出來的，第一、二代的老闆使用簡易的木頭器具製作麻油，每天產量大約三十斤；從吳重雄這一代開始，產量可以達到三百斤以上。

✿ 傳承與改變

　　至於產地，台灣栽種的芝麻原本就不多，幾乎都是仰賴進口，尤其是泰國。加上南部夏季常見午後雷陣雨，時常影響芝麻生長，因此成本較進口來得高。但比對過進口與台灣的芝麻後，就能感覺到兩者差異，台灣生產的芝麻味道較濃，咬碎之後還帶點酸味，層次豐富。目前美濃地區的麻油加工僅剩南頭河，其餘不是轉種其他作物，便是收店。芝麻一年可以種兩次，多半落在中秋節前後與農曆過年，吳政賢也利用自家的農地種植芝麻，種植過程完全不使用化肥跟農藥，雖然產量與外觀可能不漂亮，但友善種植才能讓顧客吃得安心，也不傷大地。

　　自己也是從小在店裡面幫忙，正式接手南頭河之後，吳政賢依舊花了幾年的工夫才熟悉整個麻油製程。他說光是炒芝麻手續就費時一年才真正成熟，因為每批成熟芝麻的品質與成熟度都不同，因此無法用機械化方式翻炒，每次都需要微調時間與火候。所以剛起步的時候他不斷失敗，浪費的芝麻便灑到土裡當作肥料使用。

　　吳政賢提到，過去也有一些大型工廠找他合作，希望能夠大量生產南頭河麻油。只是這對於吳政賢來說，雖然能夠免去產量、行銷、通路等問題，卻難以維持原有的品質。或許消費者無法準確分辨麻油的純度等級，批量生產也能夠壓低成本，但這違背吳家最初製作麻油的初心。於是南頭河還是維持少量製作，也沒有主動鋪市面通路。

　　南頭河除了生產麻油以外，現在也有一項「校正回歸」的產品 ── 芝麻醬。據說是曾經出現過但後來停產，吳政賢幾年前又重新製作芝麻醬，讓南頭河多一項商品，不過芝麻醬產量稀少，通常是賣給親朋好友熟客。

　　當然，吳政賢並不是把全部時間都投注在家族事業，因此他更需要把握零碎時間，召集臨時工收成或耕種等。他也會帶著自己的小孩回工廠，讓他們偶爾幫點忙，也許能夠培養小朋友對於農作物的概念。此外，吳政賢有空的時候也會接待團體活動邀約，讓親子或民眾認識芝麻與麻油的製程；或者與朋友們開發更多產品。例如：旗山地區的「小露吃冰淇淋店」，2020 年曾經推出「美濃本土黑芝麻」口味，便是使用吳政賢種植的芝麻。

• **STORE INFORMATION**

地 高雄市美濃區上興街 8 號
電 (07) 681-4795
時 08：00 ～ 18：00

南頭河麻油
官方網頁

南頭河麻油
Facebook
粉絲專頁

南部
SOUTHERN TAIWAN

三和
製餅舖

高雄
KAOHSIUNG

「搧海風」的糕餅

撰文／攝影　顏正裕

創立年分

1895 年

傳承秘訣

情感、信念、堅持

特色

白香餅、綠豆椪、冬瓜肉餅、傳統糕點

人氣招牌

白香餅、圓凰酥、雙環糖

照片提供 / 三和製餅舖

照片提供 / 三和製餅舖

　　旗津作為港口，是高雄最早發展的區域。旗津天后宮旁邊甚至有「打狗第一街」的街道，暗示當年熙來攘往的景象。高雄開港之後，旗津地區也出現洋行、商行等商家，旗后的人口組成較為複雜，相較於可能只有單姓的村莊，這裡並沒有看到。旗津島上有幾個主要的聚落，包括旗后、中洲等，當時每個聚落可能都有一兩間漢餅店，三和製餅舖就是其中一間，也是現在唯一持續營業的餅舖。

　　一般提到製餅舖，首先聯想到的也許就是喜餅或大餅，於是會認為製餅舖是不是只跟婚慶相關？林泰承說其實不是，像三和製餅舖的餅涵蓋人們的一生，從出生、小孩滿月、結婚，甚至喪禮都會使用到糕餅。同時，林泰承也有承接廟宇的生意，製作壽桃、壽麵等等。因此，製餅舖的生意並不簡單。

做為避風港的三和製餅舖

　　那麼，「三和製餅舖」是如何傳承到現在的呢？林泰承家總共三個姐弟，原本都有各自的工作，包括大姊的服裝設計、二弟在銀行上班、以及三弟專職婚紗攝影。雖然從小耳濡目染，過年過節的時候也需要跟公司請假，回到旗津幫忙，但始終沒有專職製餅。甚至，「三和製餅舖」的歷史原本只停留在上一代，雖然過去家族會強制下一代接手，但林泰承的父親並不如此強勢，他希望小孩子能有

自己的發展，三和製餅舖則是一處避風港，當他們在外面發展不順遂時，至少還有一個家撐住。父親說：「有路找路，沒路再回來找老主顧。」（台語）

於是，三姊弟商量之後，他們也想繼續維持這塊招牌，便各自辭掉工作，回到家裡幫忙。門市主要交給姐姐打理，兩兄弟負責做餅。當林泰承的阿公那一代（大約民國 60 幾年）曾經做過麵包，當時日本的紅豆麵包進口台灣，引起廣大迴響，也衝擊在地麵包行業。三和製餅舖後來分成西點與漢餅兩大區塊，高峰期員工有將近二十人，因為過去結婚時習慣一次製作大量喜餅，師傅需要輪班製餅。現在呢？林泰承笑了一下說：「老兵不死，只是凋零。」這並不是唱衰自己的店，而是現在習慣改變，就連婚慶很多都偏向西式，以小餅乾為主，或者喜餅尺寸也縮小。店家目前能做的就是「不讓店鋪凋零」。

現在製作的量並不大，改採取量少質精的策略，快賣完的話就再補貨。就跟其他百年店鋪一樣，這樣的傳統產業並不吸引年輕人，加上先前在工廠幫忙的師傅（從十幾歲到六十幾歲）已經過世，所以現在都是由老闆自己親自做餅。

⊕ 把情感揉入、將信念包入、將堅持烤入

過去的旗津主要是老人跟小孩，年輕人都往外地移動。旗津近十幾年發展成觀光，尤其是旗后地區，從天后宮、旗后燈塔與砲台，以及由海岸線串連的各種公園，硬體建設進步很多，許多年輕人回流後在這裡生根。

接手的年輕老闆們試圖延續這塊招牌，他們「把情感揉入、將信念包入、將堅持烤入」，呈現手藝人的特質。三和製餅舖的招牌是「白香餅」，這種過去用豬油製作的糕餅，油膩而香；不過順應現在的飲食習慣，將豬油替換成調和油，口味已經變得清淡許多，不過仍舊受到大家喜愛。

另一個則是「冬瓜肉餅」。上一輩的製作手法是將白肉跟冬瓜混合，吃起來油膩膩的樣子；現在同樣也是少油而改用豬絞肉，肉餅放進烤箱之後，絞肉會融化，但依舊保留香氣。林泰承笑著說現在還會有吃慣舊口味的顧客來抱怨，「為什麼冬瓜肉餅裡面吃不到肉？」林泰承很貼心地說，如果習慣以前的肉餅可以提早告知，他會以客製化方式處理。

已經傳承百年的三和製餅舖，也接待過來自不同國家的觀光客，老闆們也熟知各國都有不同的飲食習慣，例如：日本人也許偏好紅豆或糕點類的甜食、馬來西亞與香港則喜歡鳳梨酥。店裡面也提供多樣化的點心，通常新的產品上架之前，都會先擺在店內請顧客試試口感；偶爾也會有季節限定的商品，讓上門的顧客有新奇的體驗。

✣ 包山包海包用心，手工手藝手中情

　　回鄉接管店鋪一段時間後，林泰承三姊弟也都熟悉製作流程與銷售狀況，即使如此，林泰承三姊弟還是親力親為，以及堅持手做限量來傳遞情感。被問到是否會擔心沒有接班人的狀況，他很誠實表示自己希望這家店能夠繼續傳承下去，眼見傳統消失是一件很可惜的事情，所以他也會想辦法找到合適的人，將自己畢生功夫一代傳一代。

　　林泰承認為現在把眼前的事業做好，任何產品都不能偷工減料，「實在」就是最高原則。他也很高興看到老客戶再度光臨的時候，他們回味過去的神情。如今網購形式普及，但糕點類的食品究竟適不適合加入？林泰承還在思考，畢竟從接訂單到客戶真正收到糕餅，有許多不確定因素會影響食品；同時，現在手工製作的量與機械生產無法相比，所以現在還是專注於門市銷售的部分為主。

· **STORE INFORMATION**

🏠 高雄市旗津區廟前路 92 號

📞（07）572-1973

🕐 10：00～21：00（週二公休）

三和製餅舖
Facebook 粉絲專頁

明星花露水

從嫁妝到日常的獨特香味

撰文 顏正裕　　攝影 吳佳芬

創立年分

1907 年

傳承秘訣

領略過往經典為蛻變的養分，注入新價值與時俱進

特色

飄香百年的味道，一股充滿美好回憶的味道

人氣招牌

明星花露水

重要事蹟

- 明星花露水於 2020 年通過 ISO22716：2007 化妝品國際標準認證
- 新冠肺炎疫情爆發期間，捐贈新品搓手液給第一線醫護機構，展現企業對社會的責任

與大部分百年老店不同，明星花露水總部隱身在高樓大廈裡，走出電梯順著指示，慢慢就能聞到熟悉的氣味。辦公室裡乾淨明亮，走道貼著明星花露水的歷史，念念不忘的是前人篳路藍縷的過往。其實這項產品就在我們生活周遭，甚至學術論文還曾經以明星花露水為研究對象 ──《從上海到台灣的企業家族：以「明星化工」周氏家族為中心》── 仔細探究它的前世今生。

⬡ 從中國到台灣，從結束到再生

如果是台灣七年級生以前的民眾，對於明星花露水的味道應該不陌生。明星花露水這個品牌最早創立於中國上海，1907 年，周邦俊醫生參考藥典，以酒精、玫瑰、茉莉等花香調製出花露水，主要是作為香水使用，也被認為是時髦象徵。1951 年起，明星花露水的生產遷到台灣，第二代老闆周文璣定居在台北，熱心公益的她還歷任兩屆台北市立委。一直到 2019 年由森晨貿易有限公司接手經營，明星花露水生產工廠仍然在新北市土城區的明星工廠。

在物資普遍缺乏的年代裡，比較富裕的家庭才有可能使用明星花露水，甚至曾經被當作嫁妝的一部分，可見當時明星花露水的地位。七〇年代台灣經濟開始起飛之後，明星花露水逐漸變得普及，從花露水到痱子粉都曾占據家裡的櫥櫃空間，作為芳香或抑制痱子生長的良藥。最高紀錄年產量一千萬瓶。然而，隨著國內外大廠推出品牌香水，外觀包裝顯得多樣與時尚，競爭激烈使得明星花露水逐漸退出現代人的生活空間。

但即使如此，明星花露水依舊秉持初心，不僅商標保留原始外觀穿著芭蕾舞衣雙手拉裙襬的小女孩造型，深綠色的玻璃瓶還是裝填花露水的首選材質，同時開創更多元化的產品設計。其實在 2018 年，明星花露水因為工廠設備老舊而停止生產，雖然當時公司高層說明只是暫時停止，但沒想到卻在民間掀起軒然大波，許多民眾不捨得這項產品走入歷史，反而給了這百年老店持續生存的力量。歷經十個月的協調，最後授權給供應酒精的廠商營運 ── 森晨貿易有限公司，保留原本明星花露水的員工與工廠，但仍然聘用周家作為顧問把關香精質量。

照片提供 / 明星花露水

⊕ 兩次起伏

明星花露水兩次站上高峰都是因為病毒流行，讓民眾知道它不只是香氛產品。2003 年的 SARS 爆發之後，台灣民眾開始注重清潔與消毒，而明星花露水的酒精濃度高達 72%，與消毒用酒精類似，因此成為熱門商品。現任董事長許清風先生也解釋，並不是酒精濃度愈高，殺菌效果愈好，維持在 70% ～ 77% 的濃度最好。

而延燒近兩年的新冠肺炎也讓明星花露水開發更多可能性，例如：將尺寸縮小，成為可以隨身攜帶的明星花露水，又可以避免玻璃瓶容易碰撞而損壞，將明星花露水裝填在化妝品等級的塑膠瓶，能夠有效又安全的保存裡頭的酒精成分，不至於揮發或侵蝕瓶罐，疫情期間也製作帶有明星花露水香氣的搓手液兩萬瓶，全數捐贈給政府機關、各大醫院與學校，一起為社會盡一份力。

⊕ 打造文創之路：明星不只是花露水

異業結盟替明星花露水注入活力。過去玻璃瓶裝的明星花露水大多放在家裡的櫥櫃或浴室，現在接手經營的公司要讓這項商品占據更多生活空間。因此，公司近年來推出客製化服務，政府單位、銀行、廟宇，甚至個人都能設計屬於自己的明星花露水。

此外，公司也致力開發禮盒包裝，讓明星花露水成為送禮選擇。並且設計公仔或旗幟，偶爾也能在市集或活動裡面看見他們的攤位。目前明星花露水的總部設在高雄，工廠在新北市土城區，由兩位負責人輪流南下北上駐守。工廠目前也朝向自動化生產，員工負責品管。走過這一百年來，明星花露水不斷變化形式與瓶身標籤，但罐子裡面的成分與香味卻從未改變，至今也還有許多長輩將這項產品傳承下去，這也是明星花露水公司致力的目標。至於如何打進更年輕的消費市場，期許未來看見更多樣的明星花露水。

• STORE INFORMATION

公司
🏠 高雄市三民區九如一路 502
號 17 樓 B3 室
☎ (07) 369-5608

工廠
🏠 新北市土城區中山路 8 號
☎ (02) 2268-5130

明星花露水
官方網頁

明星花露水
Facebook
粉絲專頁

STORE. 25

南部
SOUTHERN TAIWAN

三和瓦窯

高雄
KAOHSIUNG

一磚一瓦，
蓋起永恆的家

撰文／攝影　顏正裕

創立年分

1918 年

傳承秘訣

與時俱進，不斷創新

特色

閩南瓦、燕尾磚、花窗

人氣招牌

磚瓦文創商品

重要事蹟

・2004 年三座龜仔窯登錄為歷史建築
・2011 年正式成立文化創意團隊

　　在瓦窯林立的時代，大樹仍舊是鄉村景色，不太寬敞的道路兩旁種著木麻黃。水果產季的時候，這裡是座巨大的果園；產季結束則升起黑煙白煙。高峰期的大樹有著超過十座瓦窯工廠，相較於高雄中都（過去以磚窯著名，現在改建為溼地公園）地區高聳的煙囪，大樹瓦窯煙囪的高度大約只有兩層樓。過去台灣知名的三座瓦窯，包括苗栗後龍、台南六甲、高雄大樹，因為高鐵興建，後龍窯已停止運作；六甲現在僅剩窯場，無人經營。三和瓦窯可以說是目前唯一持續運作，並結合觀光的窯場。

　　李俊宏說他並未參與最興盛的年代，歷史從工廠老師傅的口中道出，他記憶的家鄉就是燒窯衰退的樣子，直到現在這裡僅存三和瓦窯。事實上，三和瓦窯在傳承兩代之後，遇到台灣經濟起飛時期，無論是機械化生產取代人力、同時加工區設立之後吸引大批年輕人前往，傳統產業面臨缺工危機，到現在仍然無法解決。過去在其他窯場，有些燒窯師傅並非全職待在窯場，主要是在工地上班，如果窯場需要師傅支援，他們才會請假；等到燒窯結束後再返回工地。

　　「那麼，瓦窯為什麼會聚集在大樹地區呢？」

　　李俊宏說在過去的時代，蓋房子都是磚瓦為材料。大樹竹寮的優點在於土質較黏，同時離水源地（高屏溪）很近，以及燃料（柴薪、稻穀等）充足。除此之外，優良的燒製技術也提升瓦片品質，具備不滲水與表面光滑的特質。現在建築材料以鋼筋水泥為主，磚瓦大部分用於修復歷史建築與古蹟，使用量已經大不如前。

　　如同紡織產業，燒窯也被視為夕陽工業。李俊宏說他會到中國或東南亞，但並不是尋找設址地點，因為技術轉移並不像紡織簡便，而是在華人居住的地區較

容易找到相似的產品。如果沒有這類磚瓦的話，李俊宏就會以技術指導的方式，抑或尋找合作廠商，再將成品帶回台灣。

盈虧就是最現實的問題。李俊宏認為現在並不是想做什麼都可以，儘管希望延續現存的瓦窯生產技術，但也必須考慮市場接受度，同時培訓不同人才，才有機會生存下去。三和瓦窯裡面目前還保存著傳統窯、瓦斯窯、柴窯三種，除了傳統窯正準備報請修復以外，其他都還是正常運作。不過，如上所述的人力問題，以及市場需求減少，現在大多以小窯燒製，一來速度較快，也不需大量累積，缺點就是成本較高。

即使如此，從製作到成品出爐仍然需要三個月以上的時間，可見製作磚瓦真的是一門技術活。三和瓦窯的代表產品是閩南瓦、燕尾磚，以及花窗，其中黑斜紋的燕尾磚較引人注目。對於李俊宏來說，眼前的工作便是讓這項傳統延續下去。園區有固定的公休日，工廠假日休息，而參觀窯廠需要事前預約且採收費制。對於現在年輕人來說，他們過去從未接觸磚瓦等建築材料，李俊宏認為讓他們認識、觸摸之後，希望能激發他們設計的靈感。即使未來不從事建築或設計，裝飾生活空間也能挑選這類復古的商品。

三和瓦窯也有提供 DIY 的服務，可以讓遊客選擇從黏土開始製作，或直接組裝成品帶回家。磚瓦設計商品已經較過去縮小尺寸，也已經從過去實用目的轉為觀賞或擺飾，李俊宏希望能創造更多機會，讓年輕世代看見傳統的美。

• **STORE INFORMATION**

🏠 高雄市大樹區竹寮路 94 號
📞（07）651-2037
🕐 08：30 ～ 17：00（週二～週五）
　　10：00 ～ 17：00（週六～週一）

三和瓦窯　　三和瓦窯
官方網頁　　Facebook
　　　　　　粉絲專頁

撰文 侯宥琳　　攝影 顏正裕、吳孟霖

STORE. 26

南部 SOUTHERN TAIWAN—｜

玉珍香餅店

PINGTUNG 屏東

一手捲出四季如春的家鄉味

創立年分

1919 年

傳承秘訣

因應時代，求新求變

特色

以手工滾動成形，過程中不添加一滴水和防腐劑

人氣招牌

洋蔥蛋捲、洋蔥餅、特色口味蛋捲

重要事蹟

全國首創洋蔥手工蛋捲

⊕ 印象中的恆春

　　位處台灣的最南端屏東縣裡的恆
春小鎮，氣候溫暖、四季如春，景色
宜人的恆春鎮適合步行的地方就是城
門圍起來的區域，這裡也是唯一保留
四個城門的地方。而俗話說恆春有三
怪：「落山風、思想起、吃檳榔」。
而早期的恆春市區裡有兩條觀光街，
分別是打鐵街和檳榔街，前者只剩名
聲，後者僅剩兩間。為什麼會有檳榔
街？因為閩南人聚集，而早期的檳榔

攤是將葉子、石灰、跟果實放在杵裡面，然後混合搗在一起，三者汁液色澤鮮豔，
味道清香，食用後通體溫熱且精神抖擻，因此習慣以吃檳榔作為見面禮，如不吃
檳榔者，則為無情感之人。不過隨著大家愈來愈重視養生，近幾年嚼食檳榔之風
氣，已不復存在。

⊕ 老店故事及傳承

　　「玉珍香餅店」自 1919 年至今已有四代傳承，自第一、二代阿祖和爺爺是經
營糖果，台灣話叫「金柑」，當時並無工廠製造，大多是私人家庭製造與販售，
而在地面道路都還是碎石子的時代，阿祖就是騎著鐵馬到處兜售，來回穿梭在恆
春周邊的十九個鄉鎮，沿途叫賣，後來開始製作麵包，提供給學校的小學生，下
課的時候搭配牛奶一起吃。而第三代父親鄭志榮是經營柑仔店，提供零嘴、糖果
類批發，主要供貨給附近滿州、龍水等地區更小的柑仔店；同時也有大餅或喜餅
的製作，包括龍鳳喜餅等，接到訂單才製作。此外，每逢清明節，父親的手工春捲皮，
皮薄 Q 彈有韌性，時常供不應求，常常都要忙個兩天兩夜。到了第四代年輕新血
鄭又瑋，在北部學的是食品系和生物科技專長，也曾在台北馬偕進行相關醫學研
究。作為年輕世代，對於新產品躍躍欲試的接班人，開發新產品，思考如何讓恆
春擁有在地化的商品，於是把恆春的洋蔥加入蛋捲中，歷經多次商品測試及開發，
才能保留洋蔥原有的成分及濃郁不嗆辣的風味，主打手工洋蔥蛋捲、洋蔥餅。

✛ 老店轉型的契機

　　談到老店轉型，大約在八、九〇年代，國軍福利站開始崛起，那時還沒進化到便利商店，所以生意還是很熱絡。但時代在轉變，新世代價值觀開始轉成願意享受、外出旅遊，且大眾對於製作喜餅的風俗不如以往熱鬧，逐漸消退之後勢必會面臨轉型，而長輩他們的想法還是偏保守，甚至認為自己「做了一輩子的生意，怎麼會輸給新世代？」歷經多次溝通後，才終於把柑仔店跟喜餅店關起來。而現今已經進入網路時期，直接掃 QRCode 就能看到商品，不同於早期，已經不是開門等待顧客上門，所有產品都變成電子化訂購、網路分享。而當年的轉型契機，是因為《海角七號》上映，帶動大量觀光客進入恆春，當墾丁跟恆春成為觀光景點之後，趁著這波風潮，順勢推出現代化的食品跟伴手禮，而玉珍香便是第一間帶入烘焙與蛋捲的店家。老闆說當時要製作蛋捲的時候，跑遍了全台各地買了三萬元的蛋捲，家人還因此不太高興。好在也因為有食品系的求學經驗，把接觸口味測試、品評以及食品法規等相關領域的觀念帶入老店，經過不斷的商品測試之後再調整口味，才終於做出有著濃郁香氣，口感紮實且層次豐富，吃起來香酥鬆脆的蛋捲，也符合大眾需求少糖少鹽的飲食習慣。

✛ 未來展望

　　印象中的恆春親切熱情、樸實，而作為目前恆春的百年老店，有著產品行銷創新的第四代鄭又瑋，致力開發包裝伴手禮，談到恆春有三寶：「瓊麻、洋蔥、港口茶。」接下來想擴展的路線，是對於既有商品，可以研發不同的蛋捲吃法與型態，也想嘗試加入更多恆春在地的特產，包括滿州港口茶。一般茶葉都是種在山坡地，只有滿州地區有港口茶，是台灣地區地勢最低的茶葉，讓海風吹拂過也會有不同的香氣。搭配各種食材，結合在地家鄉的好味道，朝著品牌在地特色發展持續邁進。

• STORE INFORMATION

地 屏東縣恆春鎮中山路 80 號

電 (08) 889-2272

時 08：00 ～ 21：00

玉珍香餅店
官方網頁

玉珍香餅店
Facebook
粉絲專頁

台南

民權路漫遊

復古與現代的衝撞

撰文／攝影
吳佳芬

⊕ 低調普羅民遮街

現今的民權路或許不是台南最熱門的觀光景點，但它的歷史可是大有來頭。民權路為台南甚至是全台最早開發的街道之一。在民權路和永福路交叉路口，路旁不起眼的「大井頭」歷史約可追溯到明朝，當初用它引水源供往來船隻及街區使用。後來荷蘭人建造普羅民遮城，也就是現今的赤崁樓，而後荷蘭東印度公司又以商業名義打造歐式街道 ── 普羅民遮街，即現在的民權路二段，從大井頭到鷲嶺頂（今北極殿）。清朝為「不見天街」。一直到現在，這條街見證悠久的台灣歷史。

⊕ 漫步吳園，坐看樓仔內的富與厝

夏日炎炎，兩旁高聳鳳凰木花開爭豔，民權路上仿巴洛克建築的「台南公會堂」，原是吳園的一部分，於日治初期（1911 年）改建，作為公眾集會之用。穿過大廳後別有洞天。一旁是「奉茶十八卯茶屋」，原為「柳下食堂」，1918 年落成，提供「幕之內便當」給集會民眾。現今為奉茶經營，「十八」和「卯」可組合為「柳」字，有紀念之意，「卯」也代表黎明的卯時，象徵茶屋百年新生。百年前聚集的熱鬧喧嘩不再，現今茶屋內可寧靜地品一杯茶。

繼續沿著民權路走，映入眼簾的是中式庭園的亭、廊、水、樹和硓砧石假山，可一窺吳園昔日美景。吳園是清道光富紳吳尚新整建，又稱為「樓仔內」，民間俗語「有樓仔內的富，無樓仔內的厝；有樓仔內的厝，無樓仔內的富。」，可見府城吳家當時的富裕。吳園為台灣四大名園之一，現今規模已縮小許多，一旁高樓大廈林立，宛如城市後花園，穿越時空，享受寧靜悠閒。

⊕ 走訪百年夢幻料理亭，感受昔日繁華

鶯料理初建於 1912 年，是日治時期高級料理亭，政商名流聚會之上選，觥籌交錯間，喬事情很容易，又稱為「台南地下決策中心」。

近年經過重新整修，從大門進入後可以看到日式庭園的小橋流水，側邊的日式建築展示昔日用餐的和室及廚具廚衣。

鶯料理表棟由阿霞飯店整修後捐贈給市府，現負責經營管理，修復後命名「鷲嶺食肆」，取自座落古地名鷲嶺海拔十四公尺的意思，又十四音同食肆，也代表吃飯的地方。新招牌是利用碎碗片拼鑲而成的展翅鳳凰形狀。一樓販售輕食飲品，後面有秘境日式庭園，在二樓的和室座位區，除了不定期藝文活動外，可愜意享用台式創意輕食小點，在陽台欣賞前方的蘋婆樹及整個庭園和建築，別有一番風情。週末時，有些遊客還會特地穿日式浴衣來取景拍照。

另外，原鶯料理旁有沒有看到超大的白色胡椒罐呢？這是創建於 1898 年的「原台南測候所」，為台灣現存最古老的氣象建築，造型特殊，因十八邊形的放射狀屋頂又稱為「十八角樓」，昔日還有「十八角樓觀星月，風雲薈萃赤崁城」的美譽。而矗立其中的白色風力塔則被老台南人戲稱為「胡椒罐仔」。

⊕ 府城七丘，高嶺之巔

府城有七個丘陵，連貫起來的圖案如同鳳凰展翅，因此稱「府城七丘，鳳凰七丘」。傳說鳳凰是靈鶯，最高的丘陵名為鷲嶺，而鷲嶺的丘頂就是北極殿，殿內有鷲嶺的匾額。台南俗諺「上帝廟墘墘，水仙宮簷前」，即指上帝廟（北極殿）石階與水仙宮的廟簷一樣高，可見丘陵地勢高低的落差。

北極殿又稱「大上帝廟」，建於明鄭時期，奉祀玄天上帝，歷史悠久，地位崇高。玄天上帝為北方之神，根據五行，北方屬水，水為黑，因此整

體建築以黑色為主，包括廟門、殿柱、門檻，不同於其他廟宇常以紅色為主，為北極殿外觀一大特色。

⊕ 穿梭老街道，大啖懷舊老滋味

民權路因開發極早，有特色的老街屋建築，也有不少懷舊好滋味。

「水仙宮」建於清康熙 22 年（1683）年，主祀禹帝，即治水的帝王大禹，祈求渡海平安。當時水仙宮位於五條港之一的南勢港盡頭，香火鼎盛，商業繁榮。水仙宮市場也是台南婆婆媽媽的早晨日常，不論是新鮮蔬果、漁獲，還是乾貨熟食，應有盡有，迺菜市，尤其是歷史悠久的菜市場，最能體驗台南庶民飲食文化。若提到水仙宮裡的人氣王，非「麵條王海產麵」莫屬，料多味美大碗又便宜，用餐時刻常一位難求，私心推薦麵湯分開的海產湯及乾粿仔條。

台南除了小吃外，也有總鋪師的手路菜值得一嘗，「阿霞飯店」和「阿美飯店」是老字號台菜餐廳，各有擁護者，也各有招牌料理。位於原鶯料理附近的阿霞飯店，創立於 1940 年，招牌為紅蟳米糕，還有炒鱔魚、南煎肝等名菜，也有個人套餐可選擇，獨自用餐也可來享受吧一個人的豪華大餐。民權路二段的阿美飯店，1962 年開業，招牌為砂鍋鴨，也有提供經典酒家菜。

從大井頭可看到「全美戲院」的廣告，國際名導李安電影夢的啟蒙地就在此，戲院一旁的玻璃窗還擺放李安導演的歷年作品。在數位輸出盛行的時代，全美還保留顏振發老先生珍貴的手繪電影看板，人物的神韻都刻畫地栩栩如生，值得一瞧。戲院附近就是本書介紹過的「舊永瑞珍喜餅」，是以前府城嫁女兒的中式喜餅首選，店裡除了大餅，也有各種口味的小糕餅，私心推薦魯肉餅。

北極殿附近就是本書介紹過的「再發號百年肉粽」，可以品嘗到分量驚人的八寶肉粽及用料豪華的海鮮八寶粽，每逢端午節都會湧現排隊人龍。斜對面是 B. B. Art，是由台南第二間百貨公司 ― 美麗安洋品店 ― 改建的，外觀是清新粉綠的老派建築，內部是當代藝術作品展覽。上到二樓的咖啡廳，別忘了去瞧瞧點頭打瞌睡的燈泡人，利用彩色水管樓上樓下說說悄悄話。

想要品嘗府城特色點心，推薦造訪「萬川號餅舖」，1871 年創立，人氣招牌的水晶餃，透明 Q 彈的外皮，包裹著筍香肉燥，是台南歷史悠久的道地美食，其餘還有蛋黃肉包及數十種傳統糕餅等懷舊美味，供君選擇。

喜歡泡茶和喝茶的人，千萬別錯過本書介紹過的「振發茶行」，走進店裡有難得一見的百年錫桶，還可以好好地挑選自己喜歡的茶。店裡不提供試茶，因為店家對自家的茶的品質十分有信心，帶著百年茶行的信譽保證，介紹茶都很仔細親切。

不管是夏日還是冬日，都想吃冰，就不可錯過老字號「太陽牌冰店」，傳統的芋仔冰是一球球放在甜筒上，這裡的草湖芋仔冰呈冰磚狀，一碗可選五種口味，推薦芋頭、酸梅和鳳梨，芋仔冰不含牛乳口味清爽。另一個招牌是綿密的紅豆牛乳霜，夏日可品嘗限定的芒果乳霜，冬季則有草莓乳霜。吃不夠的話，還有口味眾多的傳統冰棒，私心推薦核桃鹹蛋黃，鹹香的蛋黃，酥脆的核桃碎仁，與甜味冰棒是絕配。

(順遊路線)

① 大井頭 ➡ ② 全美戲院 ➡ ③ 舊永瑞珍喜餅 ➡ ④ 鷲嶺食肆（原鶯料理）➡ ⑤ 原台南測候所 ➡ ⑥ 北極殿 ➡ ⑦ 再發號百年肉粽 ➡ ⑧ B.B.ART ➡ ⑨ 吳園藝文中心（原台南公會堂）➡ ⑩ 萬川號餅舖 ➡ ⑪ 振發茶行 ➡ ⑫ 太陽牌冰品

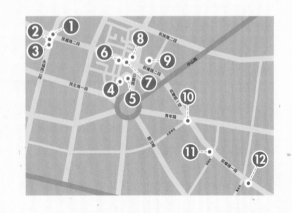

ATTRACTION
01

ATTRACTION
02

ATTRACTION
03

大井頭

📍 民權路和永福路交叉路

◎ 24 小時

全美戲院

📍 台南市中西區永福路二段
187 號

◎ 12：30 ～ 23：00（平日），
10：30 ～ 23：00（週末）

舊永瑞珍喜餅

📍 台南市中西區永福路二段
181 號

◎ 09：00 ～ 21：00

百年
老店

ATTRACTION
04

鶯嶺食肆（原鶯料理）

📍 台南市中西區忠義路二段 84 巷 18 號

◎ 12：00 ～ 20：00 供餐（週末）

ATTRACTION
05

ATTRACTION
06

ATTRACTION
07

原台南測候所

📍 台南市中西區公園路 21 號

◎ 09:00 ～ 17:00（週一～週五）

北極殿

📍 台南市中西區民權路二段
89 號

◎ 06：00 ～ 21：00

再發號百年肉粽

📍 台南市中西區民權路二段
71 號

◎ 10：00 ～ 20：00

百年
老店

B.B.ART
- 台南市中西區民權路二段 48 號
- 11：30 ～ 18：00（週一公休）

吳園藝文中心（原台南公會堂）
- 台南市中西區民權路二段
  30 號
- 08：00 ～ 20：00

萬川號餅舖
- 台南市中西區民權路一段
  205 號
- 08：00 ～ 22：00（週一公休）

百年
老店

振發茶行
- 台南市中西區民權路一段
  137 號
- 10：00 ～ 18：30

太陽牌冰品
- 台南市中西區民權路一段
  41 號
- 10：00 ～ 21：30

旗津漫遊

重回打狗第一街，
古今碰撞在旗津海岸

撰文／攝影
顏正裕

旗津是高雄最早開發的地區，不僅在 1895 年設立第一所公學校（打狗公學校，現旗津國小前身），廟前路 103 巷也素有「打狗第一街」的稱呼。因此，旗津除了是著名的觀光景點以外，也蘊含豐富的歷史與人文。由於旗津海岸線綿長，建議在旗津渡輪站租腳踏車，踩著海風探索新舊景點。

✥ 后宮守護著旗津島

從旗津渡輪站下船後，眼前的廟前街便是高雄最早開發的區域。距離渡輪站一百公尺開了一間超過百年的餅舖 — 三和製餅舖 — 老闆們至今仍實實在在手工製作每一塊餅，持續傳下老祖先的滋味。再往前走到廟前路 103 巷會看到建於 1673 年、目前是三級古蹟的旗津天后宮，是高雄最古老的媽祖廟，默默守護旗津漁民生活已經三百多年。

現今所見的天后宮格局大致於 1948 年底定，保有傳統閩南式風格，分為兩殿兩護，殿與殿，以及兩側護室與正身皆與正殿相連，空間並不寬敞，但簷上有精緻的剪黏作品，遊客前來參拜時可仔細欣賞。

由於距離上一次重修已經超過七十年，因此自 2017 年開始，廟方與政府合力重新整修結構，讓媽祖廟再顯風華。

✥ 旗津第一座獨立書店

一直是觀光勝地的旗津，去年出現第一間獨立書店「旗津 thák 冊」，坐落在一條非常不起眼的小巷子內側。沿著窄仄的巷道，頗有《桃花源記》探訪桃花源的滋味，書店空間由老屋改建，用挑高的設計營造視覺寬敞的空間感。從店名

「旗津 thák 冊」或許也能猜到，這間書店希望營造台語環境，店內選書也以台灣為基礎，包括本土創作、繪本，甚至到台文書。

當然，書店不是擺著書，等候顧客上門。旗津 thák 冊的木頭裝潢，以及隔間，讓顧客像是有回家的感覺，能夠用最輕鬆的姿態閱讀。店裡也有咖啡師，細心挑選、研磨、烘焙豆子，以咖啡結合文學，佐以海風，品嘗鹹甜苦澀的書。

✥ 旗津黑色沙灘

有首流行歌是這麼唱的：「每到夏天我要去海邊，海邊有個漂亮高雄妹。」夏季的高雄，尤其是旗津區，成為各種水上運動的集散地。而說起沙雕季，大部分的人都會想到新北福隆；然而，旗津海水浴場的沙灘曾經入選全球十大最美黑沙景點。旗津沙子的組成主要是板岩碎屑與石英顆粒，整體色調偏暗，於一般常見的黃棕色沙灘不同。

近年來也開始舉辦「旗津黑沙玩藝節」，時間大約落在 9 月中到國慶日前後，致力將此地打造成「瀨戶內海藝術島」。在夏日的旗津島，你還可以享受自然景觀與人文藝術的融合，將所有煩惱拋諸腦後。

✥ 來島上露營吧

近年颳起一陣露營風潮，許多民眾會開車上山、或到溪谷露營區過夜，欣賞繁星夜空並體驗自炊樂趣。但，露營一定要在山上嗎？又或者露營一定要準備各種用具嗎？

從 2020 年 10 月開始，旗津海岸線蓋起一塊濱海露營區，提供過夜遊客的另一種選擇。堪稱「海景第一排」的豪華享受，有別於旅館或民宿的密閉空間，在旗津露營能夠選擇不同帳篷，打開門就能看見台灣海峽，晚上聽著海浪聲入睡。

✛ 勞動女性紀念公園

　　無論是求學或就業，旗津居民往來高雄與旗津的交通一直都是舢舨或渡輪。在旗津曾發生一樁搭船的意外，在 1973 年的時候，預計搭船到前鎮出口區的二十五名女工，因為渡輪機械故障，加上當時超載，致使渡輪翻覆，船上乘客全數罹難。也由於這些女性皆未婚，當地習俗僅能將她們合葬在旗津，過去稱為「二十五淑女墓」。

　　2008 年因為現址整修，政府希望喚起民眾對於性別與勞動安全的重視，正名為「勞動女性紀念公園」。園區內有一座蓮花的裝置藝術，在加工出口區創造台灣海峽灣經濟奇蹟的年代，這些女工的貢獻功不可沒。

✛ 戰爭與和平主題紀念館

　　跟勞動女性紀念公園相同，屬於一段沉重的過往，在旅途中靜下心思考這塊土地，也能讓自己成長。

　　位於風車公園旁邊，戰爭與和平紀念館是一座充滿台灣海峽灣戰爭與血淚的建築物。這段歷史過去並不記載於課本中，卻是真實存在的過往。至於為什麼會設立在旗津？對於當年被派到南洋作戰的台籍士兵來說，旗津是他們最後看見的台灣海峽灣港口，代表他們思鄉的歸屬。

　　這座紀念館是台灣海峽台灣唯一呈現二次世界大戰、國共內戰及韓戰主題的建築物，關懷台籍老兵協會目前不定期推出社區導覽行程，藉由走讀的方式，實地踏查這塊充滿血淚的土地。

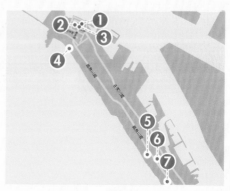

順遊路線：① 三和製餅舖 ➡ ② 旗津天后宮 ➡ ③ 旗津 thák 冊 ➡ ④ 旗津海水浴場 ➡ ⑤ 露營區 ➡ ⑥ 勞動女性紀念公園 ➡ ⑦ 戰爭與和平主題紀念館

三和製餅舖

百年老店

- ⊙ 高雄市旗津區廟前路 93 號
- ⊚ 08：00 ～ 20：00

旗津天后宮

- ⊙ 高雄市旗津區廟前路 93 號
- ⊚ 08：00 ～ 20：00

旗津 thák 冊

- ⊙ 高雄市旗津區通山路 42 巷 2 號
- ⊚ 11：00 ～ 18：00（週五～週日）

旗津海水浴場

- ⊙ 高雄市旗津區廟前路 1 號
- ⊚ 6 月～ 9 月 9：30 ～ 18：00（平日），9：00 ～ 18：00（假日）
  4 月、5 月、10 月 9：30 ～ 17：30

露營區

- ⊙ 高雄市旗津區南汕里旗津三路 51 號

勞動女性紀念公園

- ⊙ 高雄市旗津區旗津三路
- ⊚ 24 小時

戰爭與和平主題紀念館

- ⊙ 高雄市旗津區旗津二路 701 號
- ⊚ 10：00 ～ 18：00（週一休館）

Keelung

Taipei

Taoyuan

New Taipei

Hsinchu

Hsinchu
County

Yilan

Miaoli

Taichung

Changhua

Nantou

Hualien

Yunlin

Chiayi
Chiayi County

Tainan

Kaohsiung

Taitung

Pingtung

東
部

EASTERN
TAIWAN

CHAPTER 4

STORE. 01

東部 EASTERN TAIWAN

振地餅舖

宜蘭 YILAN

傳承糕餅
與生活的連結

撰文／攝影　陳君惠

創立年分

1886 年

傳承秘訣

精益求新，但不忘傳統

特色

蔓越莓糕、麻荖、小月餅、米香

人氣招牌

李仔糕、咖哩小月餅、海苔米香

重要事蹟

研發潮流創新口味：蔓越莓、金棗等糕仔，
以及梅子、辣咖哩等口味的米香

照片提供 / 振地餅舖

在宜蘭舊城區最熱鬧的中山路上，靠近宜蘭河這端有間明亮的振地餅舖。各式糕仔、小月餅、米香、麻荖，各種品項，口味齊全；依序展示遍布整個店面。看似樸實無華的店舖裡，藏著傳承百年的好味道。

振地餅舖由第一代洪阿水自清光緒 12 年（西元 1886 年）創辦，清末物資缺乏時，最初以販賣小餅乾、月餅、麻花捲及雙胞胎等零嘴為主。到了日治時代更成為當時蘭陽地區唯三擁有許可，授權製作金柑糖（台語）── 以麥芽糖包裹宜蘭在地金桔的糖果，主要用以補充軍人體力；而許可製糖，也間接獲得了更多製糖的經驗，糕仔、麻荖從此代代傳銷。

⊕ 百年傳承精益求新

從洪義隆商行起家，民國 59 年，第三代洪振地師承阿祖的手藝至現址成立了振地餅舖；洪振地結合所學的知識，是蘭陽首位將攪拌機及西點手藝帶入糕餅的製程中的師傅，讓原本傳統以豆沙、黑糖、鹹香口味為主的餅舖，不但能生產更多口味，也能提供更多的糕點給消費者，秉持這樣廣納新知的氣勢，振地餅舖全台尋找適合的原料，在民國七〇年代將蜜餞添加到糕仔內，著名的李仔糕更是銷售全台。

第四代洪一平在餅舖現址出生，從小看著家裡經營，同學們家中店舖還在用手揉麵團的時候，振地餅舖便已開始添加機械協助。洪一平在退伍之後便回到餅舖協助家業，一開始只是因為不習慣軍中生活的高壓而返家，後來卻在餅舖中發現另一片天；民國 91 年隨著經濟起飛，對於糕點的需求增加，振地餅舖受邀建置全自動印模機器；然而自動化並不代表失去獨特口味，為了符合自家糕仔的黏性與Ｑ度，合作的工廠花了三到四個月設計機器，才符合振地餅舖的需求，大手筆購入自動化機器，振地餅舖成為全台首家全面使用自動化機器的餅舖。

民國九〇年代，愈來愈多的糕餅店開立，機器化雖然能大量提高產能，但壓製的過程讓糕餅被擠壓，口感變得乾硬，因此儘管辛苦，振地餅舖為求品質，在短暫的全自動生產後還是恢復了手工製作。餅舖著名的李仔糕在製作上，改良俗稱鳳片的糯米糕，再加上白糖與水以特定比例產生的翻糖，並添加蜜餞，變成了熱銷的李仔糕。洪一平製作時對於原料精挑細選，只與長期合作的原料商進貨，獨門配方是他人就算取得也無法複製的獨特，就是這樣獨門的配方才能夠生產讓人戀戀不忘的蘭陽美味糕點。

⊕ 糕點與生活創新連結

糕餅在傳統生活裡扮演著舉足輕重的角色；振地餅舖販賣品項繁多，舉凡糕仔、小月餅、米香、麻荖，甚至花生糖跟蔥燒餅都有，這些糕點除了是早期農業社會止飢果腹的點心外，更是年節送禮不可或缺的禮儀。老人家生日拜壽，要送上印花的糕仔；而麻荖和糕仔在祭祀三界公、農曆十月半、清明、中元節等節慶更是必備的祭品。隨著時代變遷，糕仔從果腹點心，演變成節慶美味，現今則成為觸手可及的零嘴。

第四代的振地餅舖，並沒有隨著傳統糕餅式微而被時代遺忘，在不斷求新求變又兼顧口味的理念下，觀光客往往成為老顧客。在洪一平的太太加入後，更添加許多巧思；因應現代人喜歡新穎，研發了金棗、桂圓、蔓越莓、青芒果等口味加入糕仔裡，受到不少消費者的好評。除了傳承百年的糕仔外，店裡熱門商品 ── 米香也新增了海苔、梅子、辣咖哩等口味，搭上喜氣的雙喜小包裝，成為婚禮小物另一個好選擇。

⊕ 開放的心態展望未來

振地餅舖在產品上開發了許多新穎口味，創新卻不遺忘傳統；目前接手的第四代洪一平承接上一代也是自己父親的期望：繼承餅業，做餅之外，也要清楚整間店的起源；洪一平對於自家糕點的發源侃侃而談，傳承糕點與生活的連結。而關於餅舖的下一代，他爽朗地表示時代一直在變動，並不強求子女接手家業，家和傳統的味道一直在這裡。承襲著歷代開放的心態，隨時準備接受新的想法，帶著傳承百年的好滋味，不斷添加新元素，期待未來迸出更多經典美味。

· **STORE INFORMATION**

🏠 宜蘭縣宜蘭市中山路三段 230 號

☎ (03) 933-2745

🕐 09：30 ～ 18：00

STORE. 02

東部 EASTERN TAIWAN

惠比須 / 花蓮

惠比須
餅舖

花蓮薯創始老店

撰文　鄭雯倩　　攝影　郭欣喬

創立年分

1899 年

傳承秘訣

手工、原味

特色

堅持古法製作，並採用在地原料

人氣招牌

花蓮薯、花蓮芋、麻糬

重要事蹟

大正與昭和時代，成為進貢天皇的貢品

講起花蓮，腦海中浮現的是山與海之間的遼闊、太魯閣的壯觀還是遠離塵囂的慢步調，人稱後山的花蓮，各地遊客每每於此總能感到心曠神怡，離開前更是不忘人手一包花蓮名產，其中，花蓮薯更是不可或缺的地方特產，然而，我們鮮少會知道花蓮薯創始至今，歷經時代轉換，已有一百多年的歷史，而這個見證花蓮市盛衰、陪伴在地人成長的創始店鋪，就名為「惠比須」。關於這特別的店名指的是日本七大福神中，主管財富的福神 ── 祝福店家及顧客皆能財源滾滾來，饒富意味。

✢ 一個想念，開始了花蓮薯的起點

　　坐落於花蓮舊火車站附近的惠比須，明治32 年便開張於現址，從日據時期木造房子到今日的店面，至今已經逾一世紀，而花蓮薯創始的起源就來自於此，由於開創者日本人安富君想念家鄉和菓子，便在台灣就地取材，以和菓子為原型，運用地瓜作為原料，與店內師傅歷經三年研發，才有今日的「花蓮薯」，又名為「餡子芋」，且於當時更是成為多次獲得總督府殊榮，進貢日本天皇的甜食。

照片提供 / 惠比須餅舖

　　然而，當時安富君膝下無子，為鼓勵將惠比須傳承下去，便將一半的股份給了當時店內師傅，也就是當今惠比須老闆張舜彬的阿公，至今「惠比須」已傳承至第三代。

✢ 陪伴花蓮人，深耕於花蓮一世紀

　　講起店家老歷史，「惠比須」在這百年期間並非一帆風順，大時代轉換之際，惠比須被視為日本人資產，所以在國民政府時期被充公，好不容易籌大筆金錢將店面及所有權買回，又遇到二二八事件，第一代掌門人被人誣陷而遭抓走，直到事件平息後一段日子，惠比須才重拾力量再度出發，也開始販賣各式民生食品及雜貨。

　　談起小時候的惠比須，張舜彬臉上充滿笑意，由於當時民生物資匱乏，因此惠比須就像是小型柑仔店，店內有著琳瑯滿目的糖果罐及商品，也有販賣現烤的麵包及蛋糕，積累了不少在地人及張舜彬一家的共同回憶，而在北迴鐵路開通後，花蓮火車站隨之遷移至現址，觀光客大量湧入，惠比須除了賣自家特產也開始賣各家特產，於此時期張舜彬的哥哥甚至洗地瓜洗到害怕，可見當時的門庭若市，但隨著時間變化，遇上 SARS 期間，觀光客隨之銳減，但幸好依然有在地人支持糕點類商品，足以繼續支撐過那段時期。

　　真正的轉型是在第三代張舜彬承接之後，也就是今日所見的惠比須，他當時下了一個決心，決定將品牌做更清楚的定位，捨去麵包及他牌特產，只留下自家特產，重新設計包裝、整理店面及形塑自家老店的品牌，也因而找回過往需要歷經曝曬、親手編織的茅草包裝，推出復刻版花蓮薯，讓這份親手編製茅草的傳承可以延續，也找回老顧客們記憶中的包裝，並成為當今惠比須的一大特色。

✥ 僅此一家，堅持維持最好品質

　　聊起剛接手的那段時光，張舜彬提及自身遇到的困難及老店傳承所背負的責任，雖有著前人的基礎，但老店背負的是顧客的期待及品質保證，他說：「做得好是理所當然，但做不好彷彿是敗家子。」由此可見當時所背負的繁重壓力。那年，花蓮薯原料地瓜質地不穩定，大幅影響產品品質，讓他很頭痛，經過多次請教老師傅及嚴選不同品種做調整，幾經嘗試，才找到適合的原物料，而過程中始終堅持的是給予顧客最好的口感。

隨著時代的變遷、飲食習慣的改變，張舜彬努力在傳承與現代人口味之中做調整，但因現代人不再吃過多的糖分，保存期限也因而受影響，為因應此改變，除了嚴選地瓜品種外，也採用較高成本的海藻糖及脫氧袋包裝，且堅持不添加化學原料及防腐劑，而這些小巧思正來自他對品質的堅持：「自己做的東西自己要吃，要對得起自己，還要保有食材原本的味道及精神。」

目前惠比須製作過程依然以師傅手工為主，機器為輔，且少量製造，即使這樣會提高成本，張舜彬也不願犧牲顧客的口感，而在面臨花蓮特產店如雨後春筍般崛起，惠比須的營運手法始終堅持一步一腳印，以「看得到才顧得到」的想法，不採取團進團出的營銷方式，以實實在在的做來因應蛻變，在當今這講求快速且商業化的時代裡，更顯得難能可貴，「實在」是我在張舜彬身上看見的信念，而這份全心全意為了顧好老店的口碑的堅持，我想也是惠比須足以歷經時代考驗，傳承至此的獨家法門之一吧！

✦ 繼續，走向下一個起點

即使歷經一波三折，惠比須流變百年依然佇立於此，且持續地傳承再進化，老店與顧客之間的連結隨著時間加深，成了記憶中尋尋覓覓的好滋味，過程中張舜彬拿出了許多老照片，有關於惠比須，也有關於花蓮市，看得出來他對於惠比須及花蓮市有著深厚的情感，過程中也與顧客教學相長，就像得知花蓮薯冷凍之後的吃法是顧客分享的小撇步。

目前張舜彬的兒子已慢慢在學習，自己這代是堅持品質，或許兒子那代有不同的想法，就交給兒子去發展，不設限的傳承，或許十年之後的惠比須，會有更不一樣的風貌，就讓我們拭目以待吧！

・ STORE INFORMATION

🌐 花蓮縣花蓮市中華路 65 號

☎ （03）832-2856

🕐 08：30 ～ 22：00

惠比須餅舖
官方網頁

惠比須餅舖
Facebook
粉絲專頁

撰文 城市翶鷹　攝影 城市翶鷹、侯宥琳

創立年分

1919 年

傳承秘訣

專心致力，不隨便行事

特色

用裱褙的技藝（與記憶）框住顧客珍貴的回憶

人氣招牌

擁有嚴謹、專業、用心、負責態度的裱褙職人技藝

重要事蹟

替傅心畬畫作裱褙

日本「職人精神」是現今風靡的一詞，職人精神意指透過雙手製造出良品的生產者，以擁有嚴謹、專業、用心、負責的態度，是經過時間淬鍊而成的；這種精神不僅令人敬佩，這四個字甚至成為日本的代名詞。台灣脫離日治時期雖然早已超過一甲子，仍有地方保留嚴謹的職人文化，影響至今的技藝與美學值得我們學習。

前身是日治時期的「大和屋」，由日治時期史料中可見大正 8 年（1919）早有單位營業記載資料，至今已走超過一百個年頭。起初由日本人菅幸經營紙糊門、屏風的製作、修繕等工事，而二次世界大戰結束後，日人引揚返日，由十四歲即擔任學徒的林文精接手成為戰後第一代店主，並易名為「尚文堂」。

照片提供 / 尚文堂裱褙店

第二代由李詩亨、林秀鳳（林文精姪女）接棒，因應當時日式建築漸少、字畫裱褙風氣之盛，尚文堂經營路線轉為處理裱框等專業工項為主，更曾為張大千、傅心畬墨寶進行裱褙及修復，台灣近代重要文人駱香林亦是熟客。

尚文堂已交棒予第三代李訓陽、郭瑞珍，主責人現為郭瑞珍。郭瑞珍為實踐大學應用美術系畢業，對於室內空間、珠寶設計等領域皆有涉獵，亦多次受邀進行個人創作展覽。設計底蘊深厚的她，更是此店的靈魂人物，她的創作總帶著滿腔熱情，蘊含豐富能量的內在，讓人感到興奮。

郭瑞珍漸漸將「裱框」延伸出「概念框框」的理念，讓「框」不僅是裱褙，而是使作品的氣質加分、也成為創作元素之一。有人說上帝是公平的，因為大家每天都是二十四小時，但是她創作的速度卻好像每天都有比她人多兩、三倍的時間，讓人感到欽佩不已。同時，郭瑞珍也透過收藏品展現自己的藝術品味，那是經過時間淬鍊的成果。

採訪時，郭瑞珍親和地與我們分享她與「尚文堂」交織的人生經歷。郭老師的專注與堅持不但體現在她自己的專業，更是在她結婚後，向叔公林文精學習的過程。她過去從沒預想到自己會接下裱褙店，但對於學此專業工法，她是熱衷的；因此當她接下傳承此店的創立意志，郭瑞珍結合自己所學，並不斷精進自我，鑽研與學習實在且精實的工法，使每位到店委託裱褙或裱框的顧客都是對此店讚譽有加，顧客的滿意度與回客率極高，其中不乏達官顯貴。

　　有時候郭瑞珍甚至比顧客更看重作品，偶爾顧客對品質要求並不高，但郭瑞珍卻不願意「隨便了事」，她曾說過：「我可以算你便宜，但沒有隨便做這件事。」郭瑞珍謙虛表示是對方的看重與信任，自己是以專業的態度尊重作品與收藏者的珍視，筆者身為花蓮人，實感到與有榮焉。

　　筆者與郭瑞珍老師雖然只見過兩次，但是感覺一見如故，她的藝術眼見與堅持，更是令我非常佩服，值得我學習。雖然筆者並非藝術背景，但郭瑞珍老師也願意替我解惑。藝術並非專門為某些人服務，而應該是每個人都能體驗與學習的科目。同時，在鑑賞的層面也沒有絕對的標準，因此筆者訪談過程也吸收不少郭瑞珍老師的學問，打破原本高高在上的藝術認知。在這間裱褙店裡面，不僅將在地的技藝（與記憶）框住，顧客也能保存自己珍貴的回憶。

民國 110 年（2021）郭瑞珍更受邀參與花蓮縣文化局主辦之「記憶列車」系列活動，與承辦單位共同激發在地禮盒創意，並將不同表現方式的創作作品，呈現於台灣陶瓷杯墊中的溫潤質感，例如：清水斷崖以不同深淺濃淡粗細之藍色筆觸構圖，花蓮鐵道文化園區以俐落線條呈現建築外觀，尚文堂則以橫豎線條呈現整體空間感。

　　由福建街一側望著尚文堂，一腳踏進空間，若不說破 — 甚至一度錯認自己置身於藝文展間！細至氣氛與燈光色調，廣至空間及牆櫃擺設，一再再的述說著尚文堂百年老店，一點不老，更不只是店，而是歷經長時淬鍊更發韻味的在地見證。

　　已經邁入百年的「尚文堂裱褙店」，即使市場變化速度愈來愈快，同時時代衝擊著傳統產業，但郭瑞珍老師心心念念的就是把每件作品完成。老店經過重新裝潢後，變得煥然一新，但「職人精神」已經刻進郭瑞珍的 DNA 裡面，相信尚文堂能夠與時俱進。

・ STORE INFORMATION

🏠 花蓮縣花蓮市福建街 535 號

📞 0933-488-548

🕐 10：00 ～ 20：00（週末公休）

尚文堂裱褙店
Facebook 粉絲專頁

花蓮漫遊

深度探索洄瀾之美

撰文
城市翱鷹

攝影
城市翱鷹
郭欣喬

⊕ 花蓮的演變

花蓮古稱奇萊，又稱洄瀾，因溪水注入大海，水流如洄瀾狀，而花蓮就來自洄瀾的諧音雅化。花蓮開發歷史悠久，至今公共建設相當完善。

花蓮除了山明水秀外，近年來，秋天都會舉辦「花蓮國際音樂節」，邀請國內外特色樂團及藝人，不論是民眾還是觀光客都能來一場音樂之旅。

⊕ 花蓮歷史重要的演變：花蓮中山公園

走出花蓮車站，右邊是中山公園與花蓮市圖書館。這是一座面積達兩公頃、林木蒼鬱，位於花蓮市最精華地段的公園，考慮到原有設施老舊，政府進行一番整頓後，目前縣政府將中山公園規劃為文化、休憩、運動的多功能公園。

⊕ 匯聚在地觀光與藝術創意新天地：花蓮文化創意產業園區

花蓮市區的景點用腳踏車串連是最佳的觀賞方式。在火車站附近可租借腳踏車，從中山路往台九線方向前進，沿著指標騎到中華路圓環即可看見花蓮文創園區。前身為花蓮酒廠的文創園區，可說見證了舊市區的發展：東北面自由街前身為「溝仔尾水道」，在一個世紀以前是花蓮最繁榮的鬧區；北側緊臨東線舊鐵道，正是早期帶動花蓮舊市區發展的重要軸線，以製造紅酒、米酒為主。

2008 年轉型為文創園區，2019 年則開放部分場館作為公共活動使用，假日也會不定時舉辦市集與街頭表演。

⊕ 重要的交通建設帶動花蓮歷史脈絡：花蓮鐵道文化園區

若是不往中華路圓環，而是順著中山路前行，抵達東大門夜市之前會先看見「花蓮鐵道文化園區」，裡面分為一館及二館。鐵道文化園區的面積廣大且保存鐵道相關歷史建築，是鐵道迷絕對不可錯過的景點。

一館及二館都是木造建築，皆有濃濃日式風情。一館是舊時鐵道部花蓮港出張所，現用來展示鐵道相關歷史文物，還提供民眾試站長制服拍照，別有樂趣。而二館的重頭戲是蒸汽火車頭，整點時會鳴笛噴氣，重現懷舊風情。園區還有模型展示區，可一覽舊時花蓮火車站及周邊景物和鐵道風貌。在園區裡，遊客可想像當年台灣蒸汽火車的輝煌歲月。

⊕ 花蓮百年老店

花蓮並不是只有鐵道文物才超過百年。事實上，在鐵道文化園區附近就有本書介紹的兩間百年老店 ——「尚文堂裱褙店」與「惠比須餅舖」。

▨ 尚文堂裱褙店

「尚文堂」前身是日治時期的「大和屋」，歷經世代更迭，依舊活出獨特的意義與地位。早年裱褙店的工作是修復紙門或屏風，店裡面仍保有傳統使用的器具，例如刻有大和屋字樣的尺、棕刷，以及木梯等。曾經裱褙過溥心畬與在地藝術家駱香林的畫作。這間店就像是默默守護花蓮地區藝文發展的墊腳石。

▨ 惠比須餅舖

坐落於花蓮舊火車站附近的惠比須，從日據時期木造房子到今日的店面，已超過一世紀，以和菓子為原型，運用地瓜作為原料，因此「花蓮薯」又名為「餡子芋」，至今也是旅客離開花蓮前不忘人手一包的當地名產。

✥ 與太平洋連結相望並迎接每一道曙光：北濱公園與太平洋 3D 地景公園

太平洋 3D 地景公園並非全新景點，而是將原本的南濱公園與北濱朝日沙灘整合，占地廣闊，既有公園綠地又坐擁海灣美景。公園內有許多 3D 彩繪作品，不但有寰宇巨龍，也有立體小丑魚和鯊魚公仔。沿著海岸線騎乘腳踏車，或找個地方坐著欣賞太平洋，是個放鬆心情的好去處。

✥ 山脈海岸連成一線之美：濱海療癒單車旅程

花蓮港沿岸地區是單車族的天堂。花蓮港濱自行車道全長約十五公里，分別可由南濱或北濱公園、七星潭作為起迄點，沿途景點包括：曙光橋、花蓮賞鯨休閒碼頭、奇萊鼻燈塔等，一邊騎行，一邊欣賞海天一色。

特別要介紹的是七星潭，有著一望無際的絕美海景，遠眺鬼斧神工的中央山脈，勾勒出清水斷崖與濱海相間景致，風景優美讓七星潭成為花蓮近郊最佳的遊客必到景點，也是踏浪撿石好去處。

✥ 花蓮美食之百寶箱

東大門夜市因原地整修擴建，由各大夜市攤販匯聚，頗富盛名的自強夜市也納入，另規劃「福町夜市」、「原住民一條街」、「各省一條街」等，有美食區和遊戲區，東大門夜市可以一覽全部在地的風土民情滋味。

除了東大門夜市一次網羅各式美食外，花蓮知名老店有「公正街包子店」，假日往往要排隊許久，才能一飽口福，因此遊客可考慮將旅程首站選在此地。另外，花蓮市區的廟口紅茶，又稱「鋼管紅茶」，是因為紅茶會順著鋼管從二樓到一樓注進杯子裡，吸引不少觀光客去朝聖。此外，花蓮特有種曼波魚，也是品嘗道地新鮮海味好去處，花蓮扁食也是非常有名，各式麻糬、地瓜餅更是成為花蓮伴手禮。

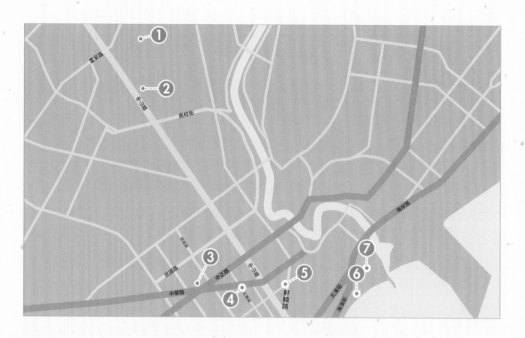

順遊路線

① 花蓮火車站 ➡ ② 花蓮中山公園 ➡ ③ 花蓮文化創意產業園區 ➡ ④ 惠比須餅舖 ➡ ⑤ 尚文堂裱褙店 ➡ ⑥ 北濱公園 ➡ ⑦ 太平洋 3D 地景公園

ATTRACTION
01

ATTRACTION
02

花蓮火車站
📍 花蓮縣花蓮市國聯一路 100 號
🕒 06：00 ～ 23：30

花蓮中山公園
📍 花蓮縣花蓮市國聯一路
🕒 24 小時

ATTRACTION
03

ATTRACTION
04

花蓮文化創意產業園區
- 🔘 花蓮縣花蓮市中華路 144 號
- ◎ 10：00 ～ 18：00（週一公休）

惠比須餅舖
- 🔘 花蓮縣花蓮市中華路 65 號
- ◎ 08：30 ～ 22：00

百年老店

ATTRACTION
05

ATTRACTION
06

尚文堂裱褙店
- 🔘 花蓮縣花蓮市福建街 535 號
- ◎ 10：00 ～ 20：00（週末公休）

百年老店

北濱公園
- 🔘 花蓮縣花蓮市海濱街
- ◎ 24 小時

ATTRACTION
07

太平洋 3D 地景公園
- 🔘 花蓮縣花蓮市海濱街 138 號
- ◎ 24 小時

撰文者簡介

吳孟霖

在基隆長大，地理位置距離夜市 100 公尺，上下學必經廟口小吃，但最喜歡還是媽媽的味道。創辦樂寫，即使這條路不好走，但還是勇往直前，只為了讓更多人看見文字的美好。

黑崎時代

從台北出發，走訪台灣 368 個鄉鎮，體會 365 行職業的日常。從台灣草根至漁農工商，走遍台灣發覺小人物的理念故事與生活日常，從師大生科畢業當了 10 年老師後，總是不安於室，愛上旅行中的冒險故事。

黃星星

喜歡看書，喜歡喝茶。在工作之餘，閱讀、旅行、收集故事、書寫自己的人生。在認識茶人、了解台灣茶之後，懂得製茶的不易，傳承的艱辛，也更珍惜品茶的時光。希望把茶的美好、中華的茶文化分享出去。

劉潔妤

土生土長的台北市人，卻不像大家記憶中的都市人般，反倒熱愛了解家鄉昔今之風貌，不論是充滿歷史風采的萬華還是深夜中在熱鬧裡存在的老店都是我熱愛踏查的地方。

C'est La Vie 實研室

Hi, I'm Carol. 人生在 28 歲轉個彎後，就深深著迷於自助旅行。遠行是找尋自我的一種方式！我將透過文字把這些故事分享給更多人，讓感動繼續傳遞下去。

李芝瑩

高中就常乘火車至台北城探索，著迷於這新舊文化並存的場域。對文化、人類與大自然有著強烈的熱情與好奇，最愛放棄大眾交通以雙腳穿梭各小巷與荒野，以業餘人類學家的眼睛遊走。如此與一景一物邂逅，因而撞見了許多獨特的故事與意外的驚喜。

孫峻德

因求學、工作而北漂的中部人，足跡踏及新竹、台北一帶。身在外地多年，異鄉的風景已逐漸內化為自我的一部分。試著用文字的力量，娓娓道出此地的人情風光。

谷君

樂寫，讓我在文字書海中，找到一縷喘息的空間，讓一直待在科技業的我，暫緩腳步，忘卻壓力。我是谷君，期待你跟我，在書中一起挖掘寶藏，豐富視野。

張景賀

彰化人，工作即移居新竹市，至今 15 個年頭。喜歡跑步、閱讀、與寫字，以及台灣這塊土地。用雙腳探索這塊土地的美好，用寫作分享美好的感動。

陳仁真

喜歡用文字記錄生活。因工作北漂後，愛上竹苗依山傍海的環境。夢想著能帶著家中兩犬走遍台灣。

陳君惠

宜蘭出生，關於生活所需要的各種事物總能在貫穿老城區的中山路上尋得，從新潮服飾到百年傳承的口味，新舊交錯的美好生活樣貌。

曾令懷

第五屆圓夢寫手成員，熱愛旅行、攝影與寫作，希望把台灣的故事寫給更多人知道。

連一潔

台北人，愛狗人士一枚，喜歡在外品嘗美食，疫情後開始認真學習做菜，發現調味料是做菜不可或缺的一環，就像大越老醋傳承一世紀的好味道，讓料理更添風味！

黃冠婷

大學在讀學生一名。喜歡閱讀與繪畫，試著將文字輸出，留下記錄，也順便治癒語言表達障礙，找到與人交流的新管道。

沈建志

雲林人。吃貨。努力開地圖，四處點亮美食名店。台中第二市場是所遇最奇特的風景。市場裡復舊又新潮，百年網紅店、虹吸咖啡、米其林推薦的小吃攤。這裡有最低調的奢華，有最市井的潮流文化，推薦大家來尋寶。

蘇仟雯

在旅行中以美食、影像交錯出立體記憶；在生活中以熟悉的味道作為日常定格。生命有限，文字無限，用字句刻下百年一瞬的永恆。

洪宇萱

想做寰宇之間的一株忘憂草，忘卻世俗的叨擾煩憂。願以文字記錄生活中的縷縷回甘，或有瑣碎日常的雜想、或有醫學生涯的遐思、或有異想天開的白日夢。

林億昕

彰化人，出走是為了返鄉。在生活中閒散地拼湊出彰化的輪廓，喜歡在朋友來訪時漫不經心地組合好私房路線，看對方心靈和肚皮都被餵得飽飽的，在吃到美食、看到價錢，尤其是感受到人情的時候，不可置信地欣羨表情。聳聳肩尾椎翹高高，我也不知道自己在驕傲什麼。

蔡昕芸

矛盾集合體，希望自己成為平衡的人，喜歡在音樂裡徜徉，喜歡在文字裡遨遊，喜歡在旅途中感受自然，喜歡透過認識，聽著每個人的訴說屬於他們的故事，認為人們都可以藉由良善而促成友誼。在 EP 裡有著一個名為燁的世界。

顏正裕

高雄人，用文字記錄日常，用貓計算每天的時光，可以站在講台說很多話，但私底下保持安靜。

吳佳芬

台南人，喜歡在大街小巷穿梭，尋找美食，用文字記錄故事，用影像存憶美好。喜歡旅行，但方向感不好，誰說轉錯彎的風景不會更好呢？在外求學工作時，最想念的是台南的家鄉味及人情味。

巫傑能

喜歡四處探索，從工程數理到美感文學，在不同領域、文化中走跳！用邏輯來分析，用共情去領悟，將其中經歷以及所思所感記錄在故事裡，希望能讓下一代看見更多選擇。著迷於人與土地綿長深厚的情誼，深深愛著腳下這片稱為家鄉的土地。

林玉萍

在社工與教師界往來穿梭，未來卻企圖以文字書寫與陪伴書寫維生，就業經歷看似飄移不定，然而協助他人改善與解決問題，已確定會是終生的職志了。

侯宥琳

台南花蓮人，喜歡在往返的途中享受四季如春的陽光、沙灘和海岸，腦海裡迴盪著來自海角七號的國境之南，而洋蔥帶回了當時的感動。

鄭雯倩

台南人，於花蓮念大學，因而喜歡上這坐落於山海之間的地方，於此享受著花蓮專屬的慢步調及愜意，並在這裡認識了許多有溫度的人、事、物，而深深地喜歡上花蓮。

城市翱鷹

城市鷲子般的翱鷹，不畏時代巨變，隨時代演進，不失樸實且真摯的文字，穿梭於城市的旅行者，成為晨曦間一抹陽的象徵。花蓮人，因樂寫此計畫與「尚文堂」第三代負責人郭瑞珍結緣，看見「只想把每一件作品做好！」的精神，使這間百年老店富有新面貌，朝向藝文空間和文創店家發展。

五味八珍的餐桌
品牌故事

60 年前，傅培梅老師在電視上，示範著一道道的美食，引領著全台的家庭主婦們，第二天就能在自己家的餐桌上，端出能滿足全家人味蕾的一餐，可以說是那個時代，很多人對「家」的記憶，對自己「母親味道」的記憶。

程安琪老師，傳承了母親對烹飪教學的熱忱，年近 70 的她，仍然為滿足學生們對照顧家人胃口與讓小孩吃得好的心願，幾乎每天都忙於教學，跟大家分享她的烹飪心得與技巧。

安琪老師認為：烹飪技巧與味道，在烹飪上同樣重要，加上現代人生活忙碌，能花在廚房裡的時間不是很穩定與充分，為了能幫助每個人，都能在短時間端出同時具備美味與健康的食物，從 2020 年起，安琪老師開始投入研發冷凍食品。

也由於現在冷凍科技的發達，能將食物的營養、口感完全保存起來，而且在不用添加任何化學元素情況下，即可將食物保存長達一年，都不會有任何質變，「急速冷凍」可以說是最理想的食物保存方式。

在歷經兩年的時間裡，我們陸續推出了可以用來做菜，也可以簡單拌麵的「鮮拌醬料包」、同時也推出幾種「成菜」，解凍後簡單加熱就可以上桌食用。

我們也嘗試挑選一些熟悉的老店，跟老闆溝通理念，並跟他們一起將一些有特色的菜，製成冷凍食品，方便大家在家裡即可吃到「名店名菜」。

傳遞美味、選材惟好、注重健康，是我們進入食品產業的初心，也是我們的信念。

冷凍醬料做美食

程安琪老師研發的冷凍調理包，讓您在家也能輕鬆做出營養美味的料理。

冷凍醬料的 5 大優點

省調味 × 超方便 × 輕鬆煮 × 多樣化 × 營養好

選用國產天麴豬，符合潔淨標章認證要求，我們在材料和製程方面皆嚴格把關，保證提供令大眾安心的食品。

三友官網

五味八珍的餐桌官網

五味八珍的餐桌 FB

程安琪鮮拌味 FB

程安琪入廚40年 FB

五味八珍的餐桌 LINE @

聯繫客服 電話：02-23771163 傳真：02-23771213

程安琪

冷凍醬料調理包

香菇蕃茄紹子

歷經數小時小火慢熬蕃茄，搭配香菇、洋蔥、豬絞肉，最後拌炒獨家私房蘿蔔乾，堆疊出層層的香氣，讓每一口都衝擊著味蕾。

雪菜肉末

台菜不能少的雪裡紅拌炒豬絞肉，全雞熬煮的雞湯是精華更是秘訣所在，經典又道地的清爽口感，叫人嘗過後欲罷不能。

麻辣紹子

麻與辣的結合，香辣過癮又銷魂，採用頂級大紅袍花椒，搭配多種獨家秘製辣椒配方，雙重美味、一次滿足。

北方炸醬

堅持傳承好味道，鹹甜濃郁的醬香，口口紮實、色澤鮮亮、香氣十足，多種料理皆可加入拌炒，迴盪在舌尖上的味蕾，留香久久。

冷凍家常菜

一品金華雞湯

使用金華火腿（台灣）、豬骨、雞骨熬煮八小時打底的豐富膠質湯頭，再用豬腳、土雞燜燉 2 小時，並加入干貝提升料理的鮮甜與層次。

靠福‧烤麩

一道素食者可食的家常菜，木耳號稱血管清道夫，花菇為菌中之王，綠竹筍含有豐富的纖維質。此菜為一道冷菜，亦可微溫食用。

3 種快速解凍法

想吃熱騰騰的餐點，就是這麼簡單

1. 回鍋解凍法
將醬料倒入鍋中，用小火加熱至香氣溢出即可。

2. 熱水加熱法
將冷凍調理包放入熱水中，約 2～3 分鐘即可解凍。

3. 常溫解凍法
將冷凍調理包放入常溫水中，約 5～6 分鐘即可解凍。

私房菜

純手工製作，交期較久，如有需要請聯繫客服
02-23771163

程家大肉

紅燒獅子頭

頂級干貝 XO 醬

樂遊台灣 百年風華

帶你走讀老字號的傳承經營故事

書　　名	樂遊台灣·百年風華： 帶你走讀老字號的傳承經營故事	出 版 者	四塊玉文創有限公司
作　　者	樂寫團隊	總 代 理	三友圖書有限公司
助理文編	譽緻國際美學企業社·呂昱蓁	地　　址	106 台北市安和路 2 段 213 號 9 樓
校稿編輯	譽緻國際美學企業社·黃于晴	電　　話	（02）2377-4155
美　　編	譽緻國際美學企業社·羅光宇	傳　　真	（02）2377-4355
封面設計	洪瑞伯	E-mail	service@sanyau.com.tw
發 行 人	程顯灝	郵政劃撥	05844889 三友圖書有限公司
總 編 輯	盧美娜	總 經 銷	大和書報圖書股份有限公司
主　　編	莊旻嬑	地　　址	新北市新莊區五工五路 2 號
發 行 部	侯莉莉	電　　話	（02）8990-2588
財 務 部	許麗娟	傳　　真	（02）2299-7900
印　　務	許丁財		
法律顧問	樸泰國際法律事務所許家華律師		

◎版權所有·翻印必究
◎書若有破損缺頁請寄回本社更換

藝文空間　三友藝文複合空間
地　　址　106 台北市安和路 2 段 213 號 9 樓
電　　話　（02）2377-1163

初　　版　2022 年 1 月
定　　價　新臺幣 458 元
ISBN　978-626-7096-00-0（平裝）

國家圖書館出版品預行編目（CIP）資料

樂遊台灣.百年風華：帶你走讀老字號的傳承經營
故事/樂寫團隊作.-- 初版.-- 臺北市：四塊玉文創
有限公司,2022.01
　面；　公分
　ISBN 978-626-7096-00-0(平裝)

1.臺灣遊記 2.商店

733.69　　　　　　　　　　　　　　110021666

http://www.ju-zi.com.tw

三友官網　　三友 Line@

樂寫團隊

企劃統籌｜吳佳芬、顏正裕、吳孟霖、曾令懷

採訪成員｜C'est La Vie 實研室、李芝瑩、谷君、沈建志、巫傑能、林億昕、林玉萍、侯宥琳、洪宇萱、
城市翱鷹、孫峻德、連一潔、張景賀、陳仁真、陳君惠、黑崎時代、黃星星、黃冠婷、劉潔妤、
鄭雯倩、蔡昕芸、蘇仟雯（以上依姓氏筆畫排列）

以下店家由財團法人慈光關懷文教基金會贊助採訪：
王泉盈紙莊、左藤紙藝薪傳、再發號百年肉粽、信二竹店、盛發錫器佛俱行、榮木桶行、鴻權彈絲棉被廠
（以上依首字字筆畫排列）